中東久雄

おいしいとはどういうことか

GS
幻

おいしいとはどういうことか／目次

第一章
土を舐める

「ええ野菜だけ持って帰って料理したら、ええ料理ができるに決まってるやないか」

私の中で、いちばんの根本になっている出来事があります。

今から20年あまり前、この商売を始めた頃のことです。その頃、私はおいしい野菜を探して、あちこちの農家さん巡りをしていました。

ある休みの日、私は遠征して南丹市美山町《なんたんしみやま》の農家を訪ねました。銀閣寺のそばにある私の店から、車で1時間半ほどのところです。

その畑で、私は一人の老農夫と出会いました。歳の頃は70過ぎ、太陽の光の下で長い年月仕事をしてきた証の深い皺《しわ》が顔に刻まれ、指は見事なくらい節くれ立っていました。

「料理屋をしている者ですが、ちょっと畑を見せてください」と私がお願いすると、そのご老人からこんなことを言われました。

「あんたら料理人は、生産者のとこへ来たらええ野菜があるやろ、安う買えるやろと思ってんねんやろけど、わしらは野菜を作ってるとちゃうのや。わしらは土作ってってんのや」

作物を成長させるのは水と太陽だと、その方は言うのです。けれど、いい作物を育てるには、いい土を作らなければならない。農家の仕事は、そのいい土を作ること。そのために自分たちは大変な苦労をしているのに、料理人はその苦労を知らないだろう、と。

私は頷《うなず》くしかありませんでした。仰《おっしゃ》る通り、それまでそんなことは考えてもみませんでしたから。その方はさらに、こう続けました。

「でもな、畑を耕していい土作って、種を播《ま》いたら、それがみんな八百屋の店先に並んでいるような野菜になるわけやない。せっかくいい土を作っても、遅霜《おそじも》にあたったら全部駄目になる。一所懸命世話しても、収穫する頃になって台風が来たり、獣《けもの》が来たりして荒らされることもある。その中でのこれや。あんたらええものだけ持って帰ったら、あとこれどないするねや。ええ野菜だけ持って帰って料理したら、ええ料理ができるに決まってるやないか。料理人なら、出来すぎたり、まだ未熟やったり、出来損なったり、そういう野菜こそ、どう料理すればええかを工夫すべきなんやないか。そういうことを考えるのがほんまの料理人ちゃうか」

ひと言ひと言が胸に響きました。私は「ごもっともです」と頭を下げ、いい野菜もそうでない野菜も全部もらって帰ってきました。

もう亡くなられてしまいましたけど、そのご老人の言葉がそれからの私の料理に対する考え方の土台になりました。

そもそも料理とはなにか？

料理人の性《さが》とでもいえばいいでしょうか、私たちは少しでも「いい野菜」「いい食材」を手に入れようとします。そのこと自体を悪いことだとは思いません。

料理人の腕だけで、おいしい料理を作れるわけではないからです。おいしい料理ができるかどうかは、食材の善し悪しにかかっています。ご老人がいみじくも言ったように「ええ野菜だけ持って帰ったら、ええ料理ができる」のですから。

いや、料理人の側からいわせてもらえば、「ええ野菜」さえあれば、必ず「ええ料理」が作れるわけではありません。駄目な料理はいくらでもある。この私も、長いことこの仕事をしているのに、いまだにお客さんの反応が気になります。

長年の修練のおかげで、そんな素振りは毛筋ほども見せませんけれど。実際には、皿に鯉《こい》を盛りつけたり、焼き台で目刺しをひっくり返したりしながらも、五感をピンと張りつめて、カウンターの向こうのお客さんたちの気配に一喜一憂しているのです。

お椀を飲み干したお客さんがほっとため息を漏らしたり、会話する声の端々に浮き浮きとした響きが混じるのに耳を澄ませ、ああどうやら今日もまずまずの仕事ができたようだと胸をなで下ろしているのです。

料理人ならそれはみんな一緒でしょう。どんなにいい食材を使ったところで、それはそうなのですから、できる限り良質の食材を探すのはあたりまえのことです。自分の目にかなう食材を探して、日本中の食の産地を回る料理人だっているのです。

他ならぬこの私がそうでした。京都の町中にだって、もちろんたくさんの八百屋さんがあるのに、わざわざ美山まで遠征したのも、少しでもいい野菜を探すため、ひいてはいい料理を作りたいと考えたからです。

それはその通りなのですが、そのせいで、私はもうひとつの大切なことをすっかり忘れていました。

それを、あのご老人に教えられたのです。

あたりまえの話ですが、野菜は工業製品ではありません。いや、どんなに最新鋭の製造機械を備えた工場で作られた工業製品でさえも、一定の割合で「不良品」が出来ます。ましてや太陽の光と水と土と、それから自然の摂理によって育つ野菜が、百貨店の地下食料品売場に並んでいるような「ええ野菜」ばかりであるわけはない。あれは、そういう野菜を選んでいるからあんなに見事なのです。

現代の農家の仕事は、作物を収穫したらそれで終わりではありません。収穫した作物を選別しなければならないからです。野菜は形や大きさで選別され、等級がつけられてはじめて市場に出されます。商品価値がないということで、出荷されない作物もあります。

丸々と太った、見るからにおいしそうな大根の陰には、やせていたり曲がっていたり割れたりした大根が必ずあるのです。あのご老人が言っていたように、ごく一部の作物がそうなるだけでなく、遅霜や台風のせいで、畑のほとんどの作物が出荷できなくなってしまうことさえあります。

そういうことを考えながら畑を見回してみると、食べられずに捨てられてしまっている野菜たちのなんとたくさんあることでしょう。

「ええ野菜」を必死で探していた私には、そういう「その他大勢」の野菜が目に入っていませんでした。

そんな私に、あのご老人は皮肉を言ったわけです。

ええ野菜を使えば、ええ料理ができるのはあたりまえのことや。いやしくも料理人を名乗るなら、あんたが見向きもしないそこの出来損ないの胡瓜《きゅうり》をおいしく食べる方法を考えてみろ。

それが、ほんまの料理人というものじゃないのか、と。

ご老人の言葉は単に理にかなっていただけでなく、私の耳には哲学的な問いかけのようにも聞こえました。

「ほんまの料理人」とは、料理人としての本来の役割を果たす人という意味でしょう。料理とはそもそもなんのためにあるのかと、あのご老人は私に言ったのだと思います。

我々はなんのために料理をするのか？

料理とはそもそもなんのためにあるのか？

これは簡単なようで、案外難しい問題です。

ものをおいしく食べるためでしょうか。

それだけでは答えがちょっと浅い気がします。

ものをおいしく食べるために、私たちは料理をする。

それは確かにそうなのですが、それではなぜ私たちはおいしいものを食べたいのか？

なぜ食べ物をおいしいと感じたり、おいしくないと感じたりするのか。おいしいとは、つまりどういうことか。

生理学的なことは専門外ですから、これはあくまでも素人考《しろうと》えですが、おいしいというのは結局のところ、「それを食べなさい」とか「飲みなさい」という体の声のようなもんやないかと私は思います。

喉が渇いたときに飲む水は、ほんまに旨いもんです。けれど水をたっぷり飲んで喉の渇きがすっかりおさまった後にまた同じ水を飲んでも、もうさっきまでのようにおいしいとは感じません。もう体が水を必要としていないからです。

体が必要としているものを、私たちはおいしいと感じるわけです、本来は。

本来は、といったのは、時として体がそんなに必要としていなくても、私たちはなにかをおいしいと感じることがあるからです。お腹《なか》がいっぱいでも、デザートは別腹だとかいって、甘いものを食べすぎてしまうことはよくあります。

そういう「おいしい」もある。

その「おいしい」という感覚が、どういう仕組みで生まれるのか私にはよくわかりません。ただ、その感覚は本来の、自然なおいしさとは微妙に違うように思います。

料理を召し上がっていただいたお客さまから、「おいしかったよ」と言われるのは嬉しいものです。けれどその言葉にも増して、私にはもっと嬉しいお褒めの言葉があります。

「あなたの料理を食べると、なんだか元気が出る」とか、「体が喜んでいる」という意味のことを異口同音に仰る方が何人もいらっしゃるのです。

ご高齢のお客さまから「近頃食が細くなったのに、あなたの料理はなぜか全部しっかり食べられる」と言っていただくこともあります。

その言葉が、私にはなによりも嬉しい。

料理がお客さまの体という「自然」によりそうことができたときに、そういうお褒めの言葉をいただけるのだと思うからです。

手前味噌《みそ》ではありますが、ただ「おいしい」だけの料理を作るよりも、この「体が喜んぶ」料理を作るのは、なかなかに難しいことなのです。

どうすればそういう料理が作れるのか？

それは、これから少しずつお話ししていくつもりです。ある意味で、これはそのことについて書いた本でもあるのですから。

この「体が喜ぶ」ということが、「おいしい」という感覚が生まれる源泉なのだろうと思います。

料理が人間の文化の始まりだという説があるそうです。

自然の木の実をもいで食べたり、捕まえた魚や獣の肉をそのまま食べるのがすべてだった頃の私たちの遠い祖先も、おそらくはそういう生の食物を「おいしい」と感じて食べていたのだと思います。けれどもしもそれだけで充分に足りていたら、きっと料理というものは発達しなかったでしょう。

おそらくは、そういう「おいしい」ものだけでは生きのびるのに足りないことがあったんでしょう。お腹が空けばなんでもおいしそうに見えるといいますが、たぶん彼らは食べても消化できないものはもちろん、食べたら体に悪い毒も、時には食べたはずです。お腹を壊したり、下手したら死んでしまったりした無数の祖先がたくさんいて、人間は「料理」という技術を獲得したのだと思います。

長い歳月の間に、たまたま火で焼けたり、水に晒《さら》されたりして、食べられないものが食べられるようになることを知り、ほなら焼いてみよかとか、晒してみよかと、誰か頭のいい祖先が気づいて、だんだんいろんなものを料理して食べるようになった、と。

これはあくまでも素人の想像ではありますけれど。

ただ、そう想像するのは、それが私自身の経験に基づいた実感だからです。

私は京都の北の山里で生まれ育ちました。

そしてその山里で料理を憶《おぼ》え、料理人になりました。

師匠はいません。いるとすれば私の母親です。

母親が料理するのを手伝いながら、いつしか自分も料理するようになっていました。

だから私の料理の基礎は、母親の料理です。

そして今思えば、私の母の料理の根っ子にあったのは、そういう遠い昔の祖先からずっと受け継がれてきた「食べられない」ものを「食べられる」ようにする技術としての「料理」でした。

辺鄙《へんぴ》な山里のことですから、食材のほとんどは自分たちの身の周りで収穫できる自然の恵みでした。丸々と太った大根だけ選んで料理するなんて贅沢《ぜいたく》は許されません。

その時期その季節に得られるものを、炊いたり焼いたり揚げたり、時には長い時間と手間をかけて渋やアクを抜いたりして、なんとか家族においしく食べさせるために工夫することが、母の「料理」でした。

あのご老人が言った「ほんまの料理人」というのは、料理に対するその姿勢をいうのだと思います。

その意味で、私の母は紛れもなく「ほんまの料理人」でした。

これは決して身びいきでいっているのではなく、料理というのは本来はそういうものであって、遠い昔から今にいたるまで、家族のために料理を作ってきた人たちは、そういう意味で「ほんまの料理人」でした。

私はいつの間にかそのことを忘れていて、それをあのご老人に教えられたのです。

なぜ忘れていたかといえば、それは先ほどもお話ししたように、「ええ食材」を求めるあまり、かえって食材をよく見なくなっていたからでした。

太った大根を探すことばかりにかまけて、割れた大根などには見向きもしなくなっていた。子どもの頃にそんなことをしようものなら……、私の母は穏やかな人ですから叱られはしなかったでしょうが、優しくたしなめられたに決まっています。

とまあそういうわけで、私もようやく目が覚めまして、それからは毎日畑に通うようになりました。今もその習慣は続いています。

あのご老人に言われた通り、いい野菜だけではなく、間引かれた野菜から出来損ないの野菜、薹《とう》の立った野菜にいたるまで、畑のすべてを見て回るのが私の日課です。

いうまでもありませんが、普通なら捨てられてしまうような野菜も、料理の仕方によっては食べられるのです。いや、ただ食べられるというだけでなく、そういう野菜にはそういう野菜にしかない味や香りがある。料理のしようによっては、むしろびっくりするほどおいしくなったりもする。普通はあまり食べないそういう野菜は、新しい料理のアイデアを生み出す宝庫です。

畑になったものをよう見て、これはどうやったらおいしく食べられるやろと、そこでいろいろ考えて料理する。それがほんまの料理人やと思うのです。

大根や人参にも命があるという認識が、まったくない

そういう生活をかれこれ20年以上も続けて、野菜からたくさんのことを教わりました。畑で採れる野菜だけでなく、畑の横の畦道《あぜみち》、その周囲の里山、さらにはそこからつながる深い山の中にも、自然の恵みがあります。

それも、昔私が母から教わったことのひとつでした。

春は山菜、夏は茸《きのこ》や木の実ぐらいのことは、都会にお住まいの方もさすがにご存じだと思います。山菜採りや茸狩りは、現代ではせいぜいが季節のレジャー的な位置づけになっていますけれど、山里で暮らしていた頃、それは田や畑を耕すことと同じくらい、生活には欠かせない大切な営みでした。

そうやって人は自然とともに生きてきたのです。

これは日本列島に人が暮らすようになった遠い昔、それこそ縄文の昔から続いてきた人の暮らし方を受け継いだものでしょう。

夏野菜と冬野菜という言葉はありますが、春野菜とか秋野菜とはあまりいいません。それは野菜が、元々は春と秋の自然の恵みを補うものだったからでしょう。

私たちが春に山菜を採るのは、植物たちの芽生えの季節だからです。タラの芽も、コシアブラも、木の芽も、蕗《ふき》の薹も、春の山菜はみんな冬の寒さに耐えてきた植物たちが、春の太陽に向かって伸ばした芽や若葉です。生まれたばかりの赤ん坊と同じで、柔らかくてえぐみも少ないから、おいしく食べられる。

これが夏になると、春先にはあんなに柔らかくておいしかった芽や若葉は、大きく硬くなり渋みやえぐみが強くなって、食べ難くなる。植物からしたらあたりまえの話で、いつまでも柔らかいままだったらすっかり食べ尽くされてしまいますから、そうやって身を守るわけです（渋かったりえぐかったりするだけでなく、本物の毒を作る植物もけっこうありますから、詳しい知識がないまま山の植物を食べるのは危険だということを憶えておいて下さい）。

夏になると、山に入っても食べられるものがめっきり採れなくなります。その端境期を埋めるために、人が育てた野草が野菜になった。だから夏野菜があるんやないかと私は思っています。

野菜とは、人に栽培されるようになった野草です。大昔は他の草と一緒に、野原や林の下生えの中にひっそりと生えていたわけです。その野草の種を播いて育てるようになったのが、野菜のそもそもの始まりでしょう。その中でも特に実や葉が大きかったり、甘くておいしかったりするものの種を選んで栽培することによって、いわば自然の品種改良が進んで、だんだん今のような野菜が出来た。

長い歳月人間に栽培されるうちに、あるものは柔らかくて香りの良い葉をつけるようになり、またあるものは水気をたっぷり含んだ大きな実をつけるようになり、あるものは地下の茎を太らせるようになり……。そして、たとえば紫蘇《しそ》や胡瓜やジャガイモが生まれたということなのだと思います。

野生のジャガイモには毒性の強いものも少なくないそうです。そういう中から、少しでも毒の少ないジャガイモを選んで栽培して、現在のようなジャガイモが出来たのです。芽にソラニンというある種の毒が含まれているのは、その名残《なごり》でしょう。

秋は植物たちにとっては、みのりの季節です。植物界から、動物界への贈り物の季節といってもいいかもしれない。

山に入れば、たくさんの自然の恵みが得られます。柿にアケビに山葡萄《やまぶどう》、栗、胡桃《くるみ》、銀杏《ぎんなん》……、それからもちろんさまざまな種類の茸。私が子どもの頃は、栃《とち》の実や榧《かや》の実もよく拾ったものです。

3時のおやつは毎日山で拾った柴栗なんてこともありました。野鳥もおいしくなる季節ですから、空気銃を持っている近所のお兄さんの後についていって、焚《た》き火で焼いたほんまもんの「焼き鳥」のおこぼれにあずかるのも楽しみでした。狩猟採集が生きる術のすべてだった私たちの遠い祖先に近い暮らしができるのが、秋という季節だと思います。

その黄金の秋が終わると、野や山の植物たちは寒さに備え葉を落とします。山野草を採集するのが難しくなる時期です。とは言え、植物たちは死に絶えてしまうわけではありません。来年の春に備えて、寒さから守られる土の中に養分を蓄えているのです。また、木の芽は萼《がく》に守られて越冬します。

人はそれを掘り起こして食べるわけですが、そういうことの得意な野草を自分たちで育て、食糧の少ないこの季節の備えとしたのが冬野菜。たとえば大根や人参や葱《ねぎ》や白菜が栽培されるようになったのでしょう。お正月のおせち料理の立役者、慈姑《くわい》や百合根も、翌年の春の芽生えのために蓄えた栄養で丸々と太っているからあんなにおいしい。

そういう目で野菜や野草の姿を見ると、改めて人は自然によって生かされている生き物なのだなあと感じます。自分たちで栽培するにしても、野や山から採集するにしても、いずれにしても自然界の助けがなければ生きられない。

にもかかわらず、今の私たちはその大切な自然によりそうことをほとんど忘れてしまっているような気がしてなりません。

私はそれが、現代の食のいちばんの問題だと思っています。

食べることは殺すこと

魚にしても、最近は水洗いまでしてから厨房《ちゅうぼう》に届くことが多いそうです。八百屋さんも野菜を綺麗に洗ってから、料理屋に納品するといいます。

土付きの野菜を仕入れたり、自分の畑で栽培した野菜を使っているレストランもあるでしょう。けれどそれは少数派で、たとえばホテルのレストランに勤めているある料理人の方は、もう何年も土ひとつついていない野菜しか見たことがないと言っていました。

昔はウズラなどは羽つきのまま売っていたものです。料理するにはまず羽をむしらなければいけない。今の人ならなんと言うでしょう。最近はそのウズラさえ見かけなくなりましたが。

たとえば鰻《うなぎ》にしてもあらかじめ開いた状態で届けられます。鱧《はも》だってそうです。料理人は、鱧の骨切りをするだけです。

私たち料理人でさえ、昨今では生きているものの命を奪うという瞬間を、ほとんど経験しないで済むようになってしまった。それでは命をいただいているという感覚がどうしても薄れてしまう。

私の店では、鯉は池に泳いでいるのを獲ってきて料理します。捌《さば》く前に、まず鯉を殺さないといけない。毎日のことですが、やはり慣れるということはないです。そのたびに、胸に思うことはあります。せめて鯉の頭を出刃の背でガツンと叩《たた》き一撃で気絶させるときに、声には出しませんが、おいしく食べるからなという思いを込めます。

偽善やと言われるかもしれません。殺される鯉の身になれば、おいしく食べられようが食べられまいが同じやと。

けれど、自分たちが他の生き物の命をもらって生きているということの重みを、そういう風に自分の生身の体で感じながら料理するのは、最低限の礼儀だと思うのです。どんな生き物であろうと、なんらかの形で他者の命の犠牲の上に自らの命を保っています。それが食べること、ひいては生きるということであり、それはどうにもできない生き物の宿命です。生き物の業《ごう》といってもいいかもしれない。

食べることは、身も蓋もない言い方をすれば、殺すことなんです。

ほんの数十年前までは、そんなことは誰もが実感として知っている、言うなれば常識のようなものでした。さっきまで生きていた命を自分の手で絶つときのあの感覚は、料理をする者なら誰もが日常的に経験していることでした。

だから誰もがごく自然に、食に対して感謝の念を持って生きていました。日本では食事をする前に「いただきます」と言います。そこで手を合わせる方も多いでしょう。キリスト教圏の人たちは、食事の前に祈りを捧げるそうです。食への感謝の気持ちは、万国共通で普遍的です。

その根っ子には、他者の命をいただいているという感覚があったと思うのです。もちろんそれ以前に、食物を手に入れることが今に比べて格段に大変だったという事情もあったのでしょうけれど。

そういう感覚がどんどん薄れているのが現代です。

食材が他の生き物の命だという事実は今も昔も変わりませんが、料理をする現場でさえも、その命からどんどん遠く離れつつある。

食材の生産量が増大し、昔に比べれば飢える人が遥《はる》かに減ったのは、もちろん良いことだと思います。けれどその結果として食の分業化が進み、料理をすることが、極端にいえば、工業製品を組み立てることのような、なにか機械的な作業になってしまった。

肉も魚も血を抜かれ、小綺麗に捌かれ、発泡スチロールとラップにくるまれて、陳列ケースに並んでいます。今や料理をするとは、レシピに従って、その中から必要なものを選び、切って加熱して調味料を加える作業でしかなくなってしまった。命をいただいているという感覚など、その中のどの工程にも含まれる余地はありません。

現代の食の問題の根本は、要するにそういうところから生まれているのだと思います。

大量の食品廃棄が問題になっていることはご存じだと思います。けれど冷蔵庫で消費期限切れになったお肉のパックをゴミ箱に捨てるときに、損をしたと思う人は多いでしょうけれど、牛や豚に申し訳ない気持ちになることは少ないんじゃないでしょうか。

私の店で働いている若者が、「現代の人間はただ生ゴミを生産する生き物だ」と言ったことがありますが、その通りかもしれません。それは人間が、この地球の害虫でしかないということでしょう。そんな生き方を、いつまでも続けられるはずはありません。それ以前に、そもそもそんな生き方をして幸せでしょうか。

食べるということは、命を奪うこと。

言葉にすると残酷なようですが、残酷なことをしなければ生きていけないという厳粛な事実を腹の底でしっかり覚悟して生きるために、今日も私は鯉の頭を叩くのです。

大根の毛根と、母親の乳房

鯉に限らず、人参も大根も本質は同じです。

私の店をスタジオがわりにして、NHKの料理の番組を春夏秋冬の4回にわたって放送していただいたことがあります。毎回、季節の料理を作るところを映すのですが、番組を見ていたお客さんから「中東さん、殺生《せっしょう》なことしはるんですなあ」と言われました。

その回は、鶏と赤葱のスキヤキを作りました。鶏を殺して毛をむしるところから、私の鶏料理は始まるのですが、お客さんはそのシーンのことを仰ったのでした。

私はこうお答えしました。

「ああそうですかねえ。でも鶏に限らず、大根や人参を引くときだってみんなそうなんですよ。大根を畑からぐーっと引いたら、細かい毛根がぶわーっと出てきて、なんかあの、まるで赤子を母親の乳房からむりやり引き離すような気持ちになるんです」

これは冗談ではなく、本心でそう思います。

動いてる動物を殺すのは誰もが殺生やとわかりますけど、大根や人参にも命があるということを、まったく認識していらっしゃらない。そのお客さんに限らず、今の人はたいていそうだと思います。これも食べることが、畑から遠く離れてしまった弊害です。

私たちが食べているものは、動物植物を問わず、みんな命があるわけです。牛も鶏も豚も、人参も大根もジャガイモだって、みんな命はひとつですから。その命は大切にしないといけない。

理屈ではなく、畑に通っていると自然にそう思うようになります。

そしたら食べられるものは、みんな食べ尽くす。それが命への礼儀やと思います。

ところが、そういう命のひとつひとつが、箱に入れて並べられて、そこに秀バン、優バンとかランクづけされて、規格に合わへんものは廃棄されているわけです。

スーパーのジャガイモは、10個一袋に詰められて、どの袋を取ってもみんな同じ大きさになっている。そんなこと、自然の状態ではあり得ないわけです。小さいジャガイモもあれば、大きいジャガイモもいろいろあるわけです。

それが選別されて袋詰めされて、そのまま流通して。規格より小さかったり、大きかったりしたらこれは不揃《ふぞろ》いやということで、規格外ということになって捨てられているわけです。こんな小さなジャガイモだって、揚げて炊いたらおいしいのに、小さなジャガイモはなかなか売ってない。農家の側からすれば売れないから、捨てるしかないということになる。いくらかは家族が食べたり、安売りで売ったりしたとしてもです。

大根だって、たいがい葉っぱを切り落とされています。葉は運ぶのに邪魔だし、すぐに鮮度が落ちて黄色くなるからです。

あの葉っぱがおいしいのに！

大根買って、葉を食べようと思っても、その葉がついていない。栄養豊富でおいしい葉っぱが切り落とされ、規格品のように形と大きさの揃った優等生の大根だけが、まるでスマホかなにかのようにスーパーの棚にずらりと並んでいる。大袈裟《おおげさ》なようですけれど、その光景は現代の象徴のような気がしてなりません。

食品廃棄の問題にしても、そういうところから考え直さなければいけないのだと思います。私ら料理人ももちろん含めて、「ええ野菜」「ええ食材」をありがたがる風潮が、その裏でどれだけ「命」を捨てることにつながっているか。

そこに想像力を働かせないと、日本の食糧自給率だってなかなか上がらないと思うのです。その大いなる無駄のつけを、大切な一次産業である農業や畜産業、漁業にたずさわる方々が背負わされているわけです。

農業や漁業が後継者不足で衰退していると聞きますが、その責任の一端は私たち消費者にもあるんだと思います。

ただ、これは余談になりますが、消費者の意識が変わるのを待つだけではなくて、生産者の側がもっと積極的な働きかけをしてもいいと思います。

今までは流通の効率のために排除されていた、そういう「規格外」のものを売るためのシステムを作ることはできると思うのです。

身近な例ですが、こういうことがありました。

京都の大原に野菜の直売所があります。皆さんもよくご存じの、あの三千院のある大原です。この20年というもの、そこの朝市に私は毎朝顔を出しています。知り合いの畑を回るだけでなく、近所の農家の方々が朝市に出品する丹精込めた野菜たちを見て回るのも、店で使う食材の仕入れに欠かせない仕事です。

ここ数年のことですが、春になるとその朝市に、白菜の花や、大根の花、ブロッコリーの花に、芥子菜《からしな》の花、葱の花などなど、いろんな野菜の花が並ぶようになりました。野菜に花が咲くのはあたりまえですが、町から来るお客さんはあまり見たことがないらしく、珍しいことも手伝ってか売れ行きは悪くないようです。葱坊主はお馴染《なじ》みかもしれませんが、あれも放っておくと花を咲かせるのです。

観賞用ではありません。どの花も食べることができます。

面白いことに、白菜の花は白菜の、大根の花は大根のほのかな香りと味がします。皿の隅に置けば、料理の飾りにもなりますし、一口囓《かじ》れば野菜の香りが広がり、花の季節になったことを教えてくれます。

葱坊主も、葱の部分はもう硬くなってますから、花を千切って、アジがおいしくなる季節ですから、叩きにしたアジにその花を散らします。鰹《かつお》の叩きに散らしてもいい。可愛らしい葱の花が、アジや鰹の叩きを視覚的に引き立てるだけでなく、口の中ではしっかり葱の味がして、これは旨いものです。

野菜を育てる農家の方にとって、そういう花たちは、言葉は悪いですが、畑の余計者でした。種取りをする場合は別ですが、そうでなければ農家にとってはなんの役にも立ちません。花を咲かせる時期になると、キャベツでもブロッコリーでも白菜でも大根でもなんでもだいたい同じですが、野菜たちは花を咲かせるための茎を一本すっと伸ばします。この茎はしっかりしてとても硬いものです。

この状態を、薹が立つと言います。人間の喩《たと》えにも使いますよね。あまりいい喩えではありませんが。野菜の場合は、その薹の先に花をつけるわけですが、そうなると野菜としての生命は終わります。次の世代に命を伝えるために、栄養は種と実に送られるようになり、葉は萎《しお》れて硬くなるし、地下の大根も食べられたものではなくなります。

だから薹が立った野菜は次の耕作が始まるまで畑で朽ちるに任せていたのですが、その捨てていた花が多少なりとも現金収入を生むようになったわけです。

僅かではあっても、そういう小さな積み重ねも大切だと思うのです。

大原の朝市のような、野菜の直売所は全国に少しずつ増えているそうです。野菜を育てる農家と、消費者が触れ合うようなそういう場所では、ただ商品としての野菜だけを売るのではなしに、命を売り買いしているんやという意識を持ち、一所懸命作ったんですという農家の思いまで持って帰ってもらうことが、やりようによってはできる。

野菜はただの商品ではなく、命そのものなのだという意識が世の中に広がれば、日本の農業の未来にもなにか役に立つことがあるんじゃないか。

少し余談が長くなりましたけれど、私自身もそういう思いで、日々の料理を作らせていただいています。

霜にあたった大根の甘さを知る

近所の小学校で毎年、いわゆる食育のお手伝いをさせてもらっています。

この食育の授業で、私は夏休みが終わってから生徒たちに学校の花壇に種を播いてもらって、冬に収穫した野菜を食材に使うことにしています。

ところが一昨年は寒くて、大根が上手いこと育ってくれませんでした。いつもなら青々と繁った葉を大根の皮と一緒に炒めてきんぴらを作り、剝《む》いた実は出汁《だし》で炊いて大根の煮物を作っていました。大根一本を、丸ごと食べようというわけです。

出汁の引き方も教えながら、これを2時間でやるのが私の授業なのですが、そういうわけで天候不順で、先生が「どうしましょう、こんなんしか出来ませんでした」と抱えてこられた大根はどれも小さくて、おまけに上の方が霜にあたって凍ってしまい、皮がずるずるに剝けてしまうような、葉もほとんどついていないものばかりでした。

出来損ないの大根では授業ができないのではないかと、先生は心配してくださったのだと思います。けれど、霜で大根がやられてしまったのも、また自然の営みです。これも自然のことだから仕方ないし、やりましょうと私は言いました。

正直私だって心配だったのですが、その小さな大根を、いつものように子どもたちにピーラーで皮を剝いて切ってもらって、炊きました。

鰹と昆布の話をして、出汁を教えるということで、この一番出汁で炊いたのですが、5分と経たないうちに煮上がってしまいました。

しかも、これがむちゃくちゃおいしかった。

子どもたちも口に入れて「甘ぁ」と、えらいおいしい大根やと口々に言うて、あの嬉しそうな顔は忘れられません。

これが普通なら、売り物にはならないということで、大根はすべて廃棄されていたでしょう。だから、もちろん市場でこんな大根は手に入りません。

いつもは出汁で炊く大根ですが、このときは出汁の力は必要ありませんでした。子どもたちも、出汁のことはなにも言わず、ただ大根の甘さに目を白黒させていました。野菜に力があれば、出汁はむしろ邪魔になる。出汁を使わなければいけないのは、野菜に味や香りが足りないときなのです。

霜にあたった大根が、身を守るために自ら甘くなったのでしょうか。怪我《けが》の功名ではありましたが、自然のものには案外そういうところがある。子どもたちも、大根の甘さに感激したようで、あれはまたとない食育の授業になりました。


あの子どもたちにとって、霜にあたった大根を食べるのは、はじめての経験だったに違いありません。はじめてなのに、子どもたちは素直にそのおいしさを理解した。

霜にあたった大根の自然の甘さを、彼らはおいしいと感じたのでしょう。

京都では味噌汁を作るとき、冬は甘い白味噌の分量を増やします。寒い季節には、体が自然に甘味を欲します。秋は山の獣たちが冬に備えて脂肪を蓄える時期です。その時期に山の木々は甘い果実を実らせます。獣はその果実を食べ、種をあちこちに運んで、植物たちの次の世代が育つ。持ちつ持たれつで、自然は上手くできているのです。

人の味の好みが季節によって変わるのも、この大きな自然界の営みと人がまだ切り離されていない証拠です。世の中がこんなに進んで、子どもたちまでが携帯電話で話をするようになっても、寒い季節になれば体は甘いものを欲するようになる。そして、自然はその季節になると、ちゃんと甘いものを用意するというわけです。

私が大原に通い、畑の野菜や野山の野草から教わったのはつまりそういうことでした。

冬の硬い地面にへばりついたタンポポの葉、茎の出る前の土筆《つくし》の穂、大根の種が芽吹いた肉厚のカイワレ、険しい断崖に実った岩梨……。私が自然の中から見つけてきたご馳走《ちそう》を口にしたお客さんたちは、そんなもの今まで食べたこともないのに、なんか食べたことのあるような、懐かしい味がすると仰います。

それはきっと人の心の奥底に刻まれた遠い味覚の記憶が教えてくれるのだと思います。

縄文の人々は、食べることが仕事だったはずです。食べ物は自然界から得られるものしかなかった。自然によりそうことが、生きることだったのです。

その時代の記憶が、自然のものを口にした瞬間、甦《よみがえ》るのやと思います。

そういうものを食べたとき、人間は体の底から、生きていると感じます。生きたもんを食べないと、駄目なんです。生きたものを食べていないと、ほんとうの生きる力は生まれない。だんだん自分がほんとうに生きているのかいないのか、わからなくなってしまうんやないか。そんな風に私は思うのです。

自然をおいしいと思う心

絵にしても、音楽にしても、自然に反するものは、長い時間の流れの中で淘汰《とうた》されてしまいます。伝統として残っていくものには、しっかりとした芯が通っています。

料理だって同じです。

その芯は、結局のところ、人が自然とともに生きていた長い歳月に育まれたものです。遠い昔のことと思うかもしれませんが、何千年何万年という歳月を人はそうやって生きてきたのです。つい最近まで、そういう暮らしは続いていました。この私も、花背《はなせ》にいた子どもの頃はそれに近い暮らしをしていたのです。

何千年何万年という時の流れに比べたら、食が自然から離れてしまったここ数十年の年月などはほんの一瞬です。

忘れてしまったようでも、私たちの体の根っ子には自然との関わり合いの記憶がしっかりと生きている。

だから自然の中から摘んできた野草、それがたとえはじめて食べるものであっても、私たちはそれを懐かしい味と感じるんやと思います。

逆にいえば、それをおいしいと感じられるうちは、まだまだ人間も捨てたものではないということです。

それはどんなに文明が進歩しようと、人間がまだ心の底では自然を愛する心を失っていないということでしょうから。

第二章
山を喰う

行者や巫女の泊まる宿坊で育つ

私は京都の山深い里で育ちました。

京都の鞍馬《くらま》山から鞍馬街道を北へと分け入り花背峠を越えたあたり、花背という在所に峰定寺《ぶじょうじ》というお寺があります。山の中腹にある本堂に辿《たど》り着くには四百四十段の階段を登らないけないのですが、その峰定寺の境内《けいだい》が子どもの頃の私の遊び場でした。

道はまだ舗装も何もしていない土道で、ほんとにのどかな、なにもない……、なにもないっていったらあれですけど。名物といえば、草木だけという山里でした。

林業中心の村ですから、農業と林業の兼業です。耕地が狭いですから、自分たちが食べる分だけを作るという、ほんとに自給自足の農業です。山仕事して帰りには必ず、木を背負って、それを割り木にして、おくどさんで火を焚いて、お風呂も薪《まき》で火を焚いてという生活でした。

「おくどさん」というのは、京都の言葉でかまどのことです。

私が幼い頃、赤ちゃんは「ふご」という、藁《わら》で編んだ苞《つと》にぼろきれを入れて、そこに寝かされてました。「ぼうや良い子だ寝んねしな」という子守り歌がありますが、まさにあの歌のままの世界。ついこの間まで、そういう生活をしていたような土地です。

私の家、中東家というのは元々は修験道で有名な奈良の大峰山《おおみねさん》あたりの出身で、祖父母の代になって花背へ来たという話を子どもの頃に聞かされました。祖父は修羅師《しゅらし》でした。修羅というのは木材や石材を運ぶ橇《そり》のことで、祖父はその修羅を扱う技術を花背に持ってきました。そして峰定寺と出会いました。

峰定寺は平清盛が36歳のときに、公の初仕事として鳥羽法皇のために建てたという修験道の寺です。祖父が来た頃は、修繕する人手もなくかなり老朽化していました。明治維新までは住職が住んでいらしたそうですが、天皇と一緒に東京に行ってしまったという話を聞きました。

祖父母はその荒れたお寺の修繕のお手伝いをするようになりました。修験道の心得もあったということですが、どういう経緯かやがて参詣客のための宿坊《しゅくぼう》を始めました。その貢献が認められ、今は祖父母ともに天台宗の高僧の方々の墓所に眠っています。民間人は入れないお墓ですから、名誉なことやと思います。

その祖父母の跡を継いだのが、三男坊の私の父でした。

宿坊は、言うなれば寺の宿泊施設です。修験道の寺の宿坊なので、行者さんとか巫女《みこ》さんとか、子どもの私にはなにやら正体不明の大人たちがよく出入りしていました。

狐に憑《つ》かれたので取ってもらいに来たという信者さんもおられました。行者さんがお加持をすると、信者さんが奇声をあげて七転八倒する。そんな光景を襖《ふすま》の陰からこわごわ覗《のぞ》いて、これはどういう人たちなのかと、子ども心に不思議に思った記憶があります。

不思議なことはもうひとつありまして、祖父母が宿坊を始めるときに、観音様のお告げがあったという話がわが家には伝わっています。

峰定寺は神仏習合で、観音様も祀《まつ》られていました。なにか困ったことがあったら、観音様にお祈りしろというのが家訓みたいなものだったのです。

観音様は祖母が亡くなるときも、夢枕に立ちました。そのときのお告げは「今から七代目の子孫までは守る」だったそうです。

この祖父母につながる私の従兄弟は現在48名おりますが、そのうち何人が料理人をしていることか。数えてはいないのですが、かなりの割合になることは確かです。私の息子たちも、それぞれに料理の道に進みました。長男は日本料理をするといってて、今の私の店におります。次男は東京でイタリア料理の店をやっており、三男はニューヨークで日本料理をプロデュースする仕事を始めました。

これも観音様のおかげということなのでしょうか。自分の目で見たことがないので、私はなんともいえないのですが、自然とともに生きていた私の祖父母にとって、観音様が夢枕に立つことは、山に雨が降ったり風が吹いたりすることと同じくらい、現実感のある出来事だったのだと思います。

その祖父母の生き方の幾分かは私たちも受け継いでいるわけで、料理という考えてみれば自然と深く関わる仕事を知らず知らずのうちに選んでいたのも、きっとただの偶然ではないのでしょう。

食べ物から薬にいたるまで、生きるために必要なもののほとんどすべてを、自然の恵みから得るのが祖父母の暮らしでした。

薬といえば、わが家の薬は、もっぱら陀羅尼助《だらにすけ》（私たちは「だらすけ」と呼んでいました）でした。子どもの頃は頭痛でも腹痛でも乗り物酔いでもなんでもかんでも、この陀羅尼助を飲まされたものです。足挫《あしくじ》きをしたときも、陀羅尼助をメリケン粉に混ぜて膏薬《こうやく》にして貼ってくれました。

陀羅尼助は大峰山に古くから伝わる黄檗《きはだ》の木を主成分とする民間薬で、祖父母がその製法を会得していました。祖父が山から黄檗の木を切り出し、理由はわかりませんが寒の水で炊くといいということで、寒の時期になると祖母が大釜で黄檗を炊くのです。なにかにつけてはそれを飲まされていました。良薬口に苦しと言いますが、これがとてつもなく苦いのです。

私が苦みに強くなったのはそのせいかもしれません。今でもコーヒーはブラックしか飲みませんが、これも祖父と祖母のおかげかもわかりません。

昔を思い出すと、ずいぶん時代は変わったなあと感じます。

私が子どもの頃までは、昔ながらの暮らしとそれほど違いませんでした。現代の生活よりも、むしろ縄文時代の人の暮らしに親近感が湧きます。

コンビニエンスストアなんていう便利なものは影も形もありません。食べ物はすべて自然の恵みであり、料理とはその自然の恵みをおいしく食べるための知恵でした。

その知恵を私に授けてくれたのは母親です。

花背のさらに奥に久多《くた》という集落があります。現在の住所では京都市左京区の最北端にあたります。鄙《ひな》びたいい村なのですが、私の母親はこの久多に生まれました。病弱だったもので、娘時代には祖父母のところに例の陀羅尼助をもらいに来ていたそうです。その縁で、母は宿坊をしていた父の家に嫁ぎました。

父親は山仕事がありましたから、宿坊の料理を作るのはもっぱら母の役割でした。前に書きましたが、この母が私の料理の師匠です。

と言っても、特に料理を仕込まれたということではありません。山奥のことですから、食材のほとんどは自給自足です。母はいつも忙しく田や畑で働いていました。幼い私も一緒に連れていかれるのですが、母の仕事中は基本的にほったらかしです。母が草取りをする田んぼのかたわらで、バッタを捕ったり、蛙を追いかけたりして遊ぶのが私の日課でした。そういう遊びの延長線で、もの心つく頃には、ヨモギを摘みに行ったりしていました。それが、いわば私の料理の基礎です。

母が忙しそうにしていれば、子ども心にもなにか手伝わなきゃいけないと思います。手伝いをすれば親は喜ぶ。その喜ぶ顔が見たさに、台所仕事も手伝うようになったんだと思います。記憶は定かではありませんが、包丁も小学校の高学年くらいには上手に使えるようになっていました。おかげで家庭科の成績だけは、いつも5でした。

中学生になると、岩魚《いわな》の唐揚げもさせてもらえるようになりました。自分にこんな大役が任されたことが大人として認められたようで、得意な気持ちだったのを憶えています。まあ、上手いこと親に使われていたのかもわかりませんが。

大山椒魚の薄造りと栃餅

母も料理学校で勉強したり、料理屋で修業したりしたことはありません。ですから、母の料理の基は、素朴な郷土料理です。といっても、決まったレシピがあるわけではなく、基本的には長い歳月をかけて親から子へと受け継がれてきたものでしょう。

たとえば畑で小さなジャガイモが山ほど掘れた日には、ジャガイモを竹籠に入れてぐわーっと洗って、大鍋でふかします。庭にある山椒《さんしょう》――ジャガイモが出来る頃ですから、葉はもう大きく育ってもはや木の芽とは呼べない、立派な山椒の葉です――の大きな葉を枝からしごいてきて、すり鉢で擂《す》って、味噌を入れて、それをふかしたてのジャガイモにころころっとまぶす……。今こうして書きながら、ああまた食べてみたいなあと思います。子どもの頃は、そんなこと考えもしませんでしたけれど。

肉ジャガにしてもポテトサラダにしても、ジャガイモ料理はお袋の味ということになっています。どこにでもあるなんの変哲もない野菜だからでしょうか。そういう料理の方が案外と記憶に残りやすいもののようです。

珍しいところでは、大山椒魚《おおさんしょううお》の料理があります。

花背には大山椒魚がたくさんいました。特別天然記念物になりましたから、今はもう食べられませんけれど。

夏、台風が来る前になると、大山椒魚は陸に上がってきます。普段は、川の深いところの岩の下なんかに潜んでるんですけどね。大水になる前に、その川底の穴蔵から出て、夜に出回って餌を取るんでしょう。だから夜中に川に行くと、大山椒魚がたくさん出てきます。それを捕まえて、料理するわけです。母は名人でした。

まな板の上に大山椒魚をのせて、ナタで首の皮一枚残して頭を落として、血を抜きます。それからカボチャの葉に塩をまぶして、カボチャの葉はザラザラですから、これで大山椒魚を揉《も》むと、ぬるぬるの粘液がものすごくたくさん出て、真っ白になる。

この粘液を落として、皮を剝ぐと、白身魚のような真っ白な身が出てきます。山椒魚というくらいで、山椒の強い香りがします。この真っ白な身は薄造りにして、ポン酢で食べる。大山椒魚のお造りですね。ゼラチン質の多い皮や手足は炊いて食べました。

食通で知られた北大路魯山人《ろさんじん》さんが、なにかの本でこの味を絶賛されていました。お造りではなく、身を炊いて食べたようですが。スッポンよりも臭みがなくて、上品な味わいだと書かれていました。

これは今や幻の料理ですが、もうひとつ幻に近くなった料理があります。栃餅《とちもち》です。母はこの栃餅作りの名人でもありました。

栃餅作りは、山から栃の実を拾ってきて、乾燥させるところから始まります。9月くらいに栃の実は落ちます。それを1ヶ月くらい、カリカリになるまで乾燥させて、冬になったらアク抜きをします。くんで置いておいた水が冷たくなるくらいの季節じゃないと、アクが抜けないんです。早春を水温《ぬる》む季節といいますけれど、その反対ですね。水が冷たくなる季節。例年11月くらいでした。

まずそのカリカリになった栃の実を、1週間くらい水につけて膨らませます。それを火にかけて、60度から70度程度の温度を保って、温《ぬく》めながら皮を剝きます。

それから灰を用意します。この灰は、樫《かし》の灰でないといけません。樫はとても硬い木なのですが、灰が緻密で他の木の灰とはぜんぜん重みが違うんです。

この樫の灰を栃の実の重さと同じだけ用意します。栃の実が1キロなら灰も1キロですね。この樫の灰に１００度の熱湯を注いで、木桶の中で練り上げます。それで糠床《ぬかどこ》のようなものを作り、皮を剝いた栃の実に絡めて保温したまま一昼夜置いて、冷めたら灰を洗い落とします。それを今度は川の水で3日ほど晒してから、米と合わせて蒸し上げて、餅に搗《つ》くと。これでようやく完成なんですが、蒸し上げたときに栃の味見をします。

このときに栃が苦かったら失敗です。ほのかな苦味なら成功なんですが、舌をピリッと刺激するような強い苦味があったら、もうどうにもならない。苦労は全部水の泡で、捨ててしまうしかない。

手間がかかる上に、アク抜きの加減が難しい。それからなにより樫の灰が手に入らなくなりました。そういうわけで近頃は、あまり栃餅を作る人はいなくなりました。

そう言えば、これは余談になりますが、『美味しんぼ』という漫画の原作者の雁屋《かりや》哲《てつ》さんが電話で「栃餅の作り方を教えてほしい」と仰ってきたことがあります。今ここで書いたようなお話を30分くらいしました。宿坊はその頃、兄の代になって「美山荘」となっていたのですが、その漫画のおかげで「美山荘」の栃餅が有名になったということがありました。

大山椒魚のお造りにしても、栃餅にしても、花背に暮らす私たちには、特に珍しくもない、あのあたりで昔から作り続けてきたごく普通の料理です。近所の野や山で手に入る自然の食材を、ただあたりまえに料理しただけのものです。子どもの頃の私には、そんなものよりハンバーグやスパゲティの方がよほど魅力的でした。そんなハイカラな料理はめったに食べられませんでしたから。

母の料理もそうですが、子どものおやつももっぱら自然の中から得られるものばかりでした。今の子ならさしずめスナック菓子を買いにコンビニエンスストアに走るのでしょうけれど、当時の私たちは野や山でお腹を満たす術を知っていました。

桑の実、サルナシ、スカンポ、アケビ、山葡萄、野いちご、柴栗、胡桃などなど……。自然界は「子どものおやつ」の宝庫でもありました。

そういう自然の恵みを採りに山に入るのは、もちろん食べるためでもありますが、なにより面白い遊びでもありました。そういう遊びをしているうちに、なにが食べられてなにが食べられないのか、どの季節になれば、どこにどんな木の実がなるのかなど、あるいはそのままでは食べられないものなら、どうすれば食べられるかなど、野や山から食べ物を得る方法を自然に身につけました。

山で渋柿を見つければ、焼いて食べました。そのままではもちろん渋くて食べられないのですが、焼くとその渋みが甘味に変わります。完全に渋みが消えるわけではない、渋みも残りますが、なんとか食べられるようになる。それが面白くて、よく食べていました。ただ、柿の渋は便を硬くします。それで翌日便秘になって、「また渋柿食べたやろ」とよく親に叱られたものです。

鳥も焼いて食べました。それで危うく、山を焼きかけたこともありました。

現代の普通のお子さんにとって、鳥と言えばほぼ鶏のことでしょうけれど、あの頃は野鳥も食べていました。流通が今のように発達していない時代の山里では、野鳥は貴重な蛋《たん》白《ぱく》源でもあったのです。特にツグミはよく食べました。

空気銃の名人のお兄ちゃんが近所にいまして、一時期は子分みたいにくっついて歩いていました。このお兄ちゃんがツグミを撃ち落とすと、私ら二人が猟犬みたいにだーっと走って行って取ってくる。そのツグミの毛をむしって、鉛筆削り用の小刀で腹を割って綺麗にして、焼いて食べます。味つけは台所から持ち出した醬油《しょうゆ》と砂糖です。

ある風の強い日に、山でそんなことをやっていたら、あっという間に枯草に燃え広がりました。植林で杉の苗木が植えてあったんですが、その苗木にまで燃え移って、みんなで服を脱いで、なんとか消し止めましたけれど、もう少しで大火事にするところでした。

それはうちの山だったのでまだ良かったんですけれど、苗木はみんな燃えてしまいました。その跡を見つけた父が、「誰や、こんなとこで火を燃やして」と怒っていました。もちろん私はしっかり口をつぐんでいましたが。


今は危ないということで、刃物にも火にも一切触らせない親御さんが多いと聞きます。息子がまだ小学生だった頃、総合教育の授業で呼ばれまして、七輪に火を熾《おこ》したことがありました。割り箸を焚きつけにして、七輪に炭を熾して、魚を焼いて食べさせただけのことです。ところが、子どもたちは拍手喝采でした。「お前の父さんすごいな」と言われて、息子は鼻が高かったそうです。火を熾すという、ごく基本的な生活の技術が、今や手品かなにかのような特殊な技になったということなのでしょう。

オール電化のマンション暮らしは、家庭から火というものを消してしまいました。近頃は煙草《タバコ》を吸うお父さんもほとんど絶滅危惧種ですから、本物の火を見たことがないというお子さんだっているかもしれない。

炭を熾したり薪を燃やしたりできなくても、生活にはまったく困りません。それに火に触らなければ、火傷《やけど》したり、私みたいに悪戯《いたずら》をしてあわや大火事という心配をしなくても済みます。子どもに火の熾し方など教える必要はないという意見もわからなくはないのですが、やはりそれでは文明の根っ子がやせ細ってしまうのではないかと思います。

火や刃物を使うことは、人がこの自然の中で生き抜くには欠かせない技でした。その技を失うということは、自然とのつながりを失うことではないか。それは、ひいては人間としての尊厳と自信を失うことなのではないか。

大袈裟かもしれないけれど、私はそう考えています。

いつの日か人間はすっかり火の使い方を忘れてしまい、山の猿が火熾しを憶えて人間に取って代わる……なんてSF映画みたいな未来を想像してしまうのです。

町の親戚の家に泊まりに行って、はじめてガスコンロというものを見た日のことは、今も鮮明に憶えています。

その親戚の家で、伯母《おば》さんがマッチを一本擦って（当時は自動点火ではありませんでした）コンロに近づけると、ぼっと一発で火がつくのです。

いや、びっくりしました。驚くというより、恐かった。

そんな一瞬で、青い炎が燃え広がるなんて！

私が生まれてこの方見てきた火というものは、「育てる」ものでした。おくどさんに薪をくべるにしても、焚き火をするにしても、いきなり太い薪に点火することなんてできません。まずは焚きつけの新聞紙や枯れ葉に火をともし、その小さな火種を小枝に移して熾《お》きを作り、その熾きで細い薪を燃やし、じわじわじわじわと火を育てて、最後にようやく太い薪に火をつけることができるのです。そこまでにはどんな名人だって、何分かはかかります。それが私の知っている火のつけ方でした。

それがガスの栓を捻っただけで、ぼわっと大きな青い炎が上がるのですから。

便利なあとも思いましたが、やはり私には空恐ろしかった。

火をつけることがこんなに簡単になっていいものか。

火がこんなに簡単についていいものか、もっと火は丁寧に扱わなきゃいけないんじゃないかと、子ども心に思ったものです。

あわや山火事という悪戯はしましたけれど、おかげで使い方を間違えれば火が恐いものであるということを、骨身に染みて知っていたのです。

兄・吉次が名づけた「摘み草料理」

あの当時、私は母の料理の良さがわからなかった。

少し成長して、ある程度料理のことを知るようになると、母の料理は素人料理やと思うようになりました。

私は男2人、女3人の5人兄弟のいちばん下です。いちばん上が姉で、その下に兄、さらにその下に2人の姉がいて私という順番なんですが、末っ子ということもあり父親に溺愛されました。兄には手が出たそうですが、私に手をあげたことは一度もない。私は小学校6年生まで親の腕枕で寝ていたというのが兄の口癖で、「お前は甘やかされて育った」とよう言われてました。

兄は14歳年上でしたから、私にとってはきょうだいというよりもう一人の、厳しい父親のような存在でした。病気がちの母の代わりに、小学校の父兄参観にも来てくれました。

この兄の吉次が24歳のときに、宿坊を改築しました。このとき、兄がわが家の料理を「摘み草料理」と名づけました。

峰定寺の参詣客のための宿坊から、本格的な料理旅館としての「美山荘」が歩みを始めた最初の一歩です。兄もどこかで料理を修業したわけではありません。

兄の料理の師も母であり、その根っ子にあったのはあの山里で長年作られてきた素朴な郷土料理でした。その料理に「摘み草料理」と名づけたのは、兄のセンスだったと思います。旅館の料理といえば、日本全国どこでも京風会席料理全盛で、山奥の旅館でも鯛《たい》や鮪《まぐろ》のお造りに海老《えび》の天ぷらが定番でした。

そういう時代に、「摘み草料理」を看板にしたわけです。

もちろん京都の町場には、本物の会席料理の名店がたくさんありますから、わざわざこの山奥に足を運んでいただくには、ここまで来なければ食べられない料理を出さなければいけません。そのための苦肉の策ということもあったとは思いますが、それがかえって、他のどこでも味わえない、摘み草料理を育てたともいえます。

お客さんに知ってもらわなければ、山奥に埋もれてしまうという危機感もあったのでしょう、兄は大阪の梅田に出て、ガリ版刷りの広告を配ったりもしてました。東京オリンピックが終わり、世間の耳目は大阪万博に注がれていました。

新幹線が開通し、東京方面から関西への旅が格段に楽になりました。高度経済成長でマイカーの所有台数も増え、郊外へ自家用車でドライブする人も増えました。いわゆるレジャー産業がブームになっていたことも背景にはありました。

白洲正子さんに立原正秋さん、司馬遼太郎さん、井上ひさしさん、有吉佐和子さんといった文化人や作家の先生方が度々訪ねていらっしゃるようになり、鄙びた京都の奥座敷ということで、エッセイや小説に美山荘のことを書いて下さったおかげで、兄の名づけた摘み草料理が世間に知られるようになり、家業もだんだん忙しくなりました。

山里のことですから、食材はおのずと限られます。野山で採れる山菜や木の実に、わが家の畑で収穫した野菜、それに川の魚や獣の肉などが中心になります。そういう限られた食材を、いかにしてお客さんにおいしく召し上がっていただくか。そこに私たち家族の苦心がありました。

懐石の形式を採り入れ、高価な器はなかなか揃えられませんから、大きな朴《ほお》の葉や焼いた杉板を器代わりに使ったりと、できる限りの工夫を凝らしました。そう言えば、白洲さんに教えられて、河原から拾ってきた石を箸置きにしたこともありました。

私は次男坊ですから「お前はなんでも好きなことをせい」と言われて育ちました。高校生で進路を選ぶ頃に、いろいろ考えて、植木屋になろうと思ったこともあります。姉は植木屋さんに嫁いでいました。山育ちということもありますし、造形的な仕事が向いているんじゃないかという兄の勧めでもありました。

結局は大学に進学しようと決めたのですが、肝心の受験に失敗して、浪人することになりました。美山荘も忙しくなっていたので、受験勉強のかたわら店も手伝えと兄に言われて、4月から本格的に店を手伝うことになりました。本格的にというのは、前にも書きましたが、それまでも母の料理を見よう見まねで、ちょこちょこ手伝いをしていたのです。

その年の6月頃に、作家の立原正秋さんから「今京都にいるんだけど2人食事できるかね」という電話がかかってきました。その日はちょうど兄が留守で、板場には弟の私しかおりませんでした。そうお伝えしたのですが、立原さんは「いや、いいから行くよ」と言って、うちに来られたのです。

不安がなかったといったら嘘《うそ》になりますけれど、私も小さいときから見よう見まねで料理はしていましたし、母もおりましたから、とにかく一所懸命にやればなんとかなるやろうと。精一杯の料理を作ってお出ししたら、座敷で接客をしていた兄嫁の和子から、「立原さんが呼んではるから、挨拶に行きなさい」と声がかかりました。ほんとに、恐る恐るという感じで座敷に伺《うかが》いました。

ご挨拶したら、立原さんは満面の笑みでした。

「これはほんとに君が一人でやったのかね。おいしかったよ」と言っていただいて、子どもの私には大層な心付けをいただき、それこそ現金にも料理人もまんざらじゃないなあと思いました。まあそういうことがありまして、大学に進学するのをやめて、自分は料理をしようと決断したというわけです。

その決断を打ち明けると、「これはご先祖の引き合わせかもしらん」と兄も同意してくれました。そして「今までは兄と弟の関係だったけれど、これをするにあたっては」と態度を改めた兄から、「俺を大将と呼べ」と言い渡されました。

その日から私は料理人としての人生を歩み始めました。

兄は美山荘の主として、お茶を習いに行ったり、会合に出席したりと、店を空けることが増えました。いつまでも山奥に引っ込んだままではいかん、社会とのつながりを持たなあかん、と兄は言っていました。美山荘を社会的に認知してもらうのに一所懸命だったのだと思います。

私は板場を任されるようになり、まだ母も健在でしたから母の手も借りながらでしたけれど、朝は中央市場に買い出しに行ったりしながら、料理作りに精進しました。修業という言葉はあまり好きではないのですが、あの時代の苦労がなかったら、今の私は存在しないことも事実です。ただ、料理というものがどこまでわかっていたかと言うと、それはまた別の話ではあります。

「摘み草料理」が世間に認知され、遠方からもわが家の料理を求めていらっしゃるお客さんが増えると、やはりどうしても自分の料理はこれでいいのだろうかという思いが芽生えてきました。母から受け継いだ料理が「本物の料理」なのかという思いがふつふつと湧いてきて、料理書を読み漁ったりもしました。

ある意味で、母の料理は明確でした。

「大根を炊くなら出汁じゃこじゃ。蕪《かぶ》なら昆布と鰹節じゃ」という調子で、迷いがありません。それは実は長年の経験に裏づけされた知恵の結晶というべきものなのですが、息子の私からすればはなはだ心許《こころもと》ないものでした。なにしろどの料理の本を開いても、そんなことはどこにも書いていませんでしたから。

プロの料理人は、大根でも蕪でも下煮をして、面取りをして、一番出汁をしっかり利かせて炊く、というようなことが書いてあるわけです。

母のように、切った大根をいきなりじゃこの出汁で炊くなんて説明はありません。

子どもの頃は母の料理がすべてと思っていましたが、それは井の中の蛙《かわず》で、広い世界を見渡せば、これはただの素人の料理や。

と、若い生意気盛りの私は、思いました。

必ずしもそうではないと気づいたのは、かなり後年になってからのことです。

私が40歳を過ぎた頃、兄の病床に呼ばれました。

兄は大病を患い、余命を悟っていたようです。

先年亡くなった父親と、ひとつの約束をしていたと兄は言いました。「久雄を独り立ちさせてやってくれ」というのが父の願いでした。

これからは兄と弟ではなく、大将と弟子の関係だぞと言い渡されて以来、私は兄の下で働いてきました。その二十数年は、私には料理人として成長するためのかけがえのない歳月ではありましたけれど、親の目には弟が兄から下働きのように使われているようにも映っていたのでしょう。私も結婚して妻子のある身でしたから、いつまでも兄に使われたままでいるのは不憫《ふびん》やということだったのかもしれません。

兄もまた同じ気持ちでいるようでした。

こう言われました。

「親とした約束を果たす時間が俺にはもうない。お前を俺の使いっ走りにしたまま、この世を去ること、ただそれだけが心残りや」

私は「心配せんでくれ」と、答えました。

病床の兄を気遣っただけの言葉ではありません。

ちょうどその頃、その後の私の人生を変えてしまうあるものと出会っていたのです。

それは、友人が焼いた土鍋です。

「この土鍋でご飯屋をやるから、心配せんでくれ」

そう兄に言いました。

中川一志郎さんの土鍋とおくどさんで炊いたご飯

京都に「器覚倶楽部」という、料理人と陶器屋の集まりがあります。料理人は器のことを、器を作る者は料理のことを知ろうという主旨で、2ヶ月に1回食べ歩きをしながらいろんな話をするというのが主な活動です。

私は20歳の頃からこの会に参加していたのですが、記録的な冷夏の影響で特に東北地方の米作が打撃を受け、日本全体の米の生産が例年より200万トン以上も不足した年がありました。政府は外国から米を緊急輸入する事態になり、町の米屋さんにタイ産やアメリカ産の米が並びました。日本産の米が高騰して手に入らないということで、マスコミも大騒ぎしましたから憶えている方も多いでしょう。1993年のことです。

その年の器覚倶楽部の集まりで、陶芸家の中川一志郎さんが手製の土鍋で炊いたご飯を食べさせてくれたのです。「こんな世の中になったから、せめてご飯をおいしく炊くための土鍋を作ってみた。食べてみてくれ」と。

あの炊きたての白いご飯を一口食べたときのことは今も忘れません。

おいしかったのはもちろんなのですが、私は一瞬にして三十数年前の昔の台所の情景を思い出しました。その頃、わが家の台所の中心にあったのはおくどさんでした。

中川さんは土鍋を普通のガスコンロにのせて炊いたのですが、炊き上がったご飯はあの懐かしいおくどさんで炊いたご飯の味がしたのです。

兄が宿坊を改築したとき、台所のおくどさんも取り壊しました。お米はガス炊飯器で炊くようになりました。子どもの頃、町の親戚の家で見たあの「ぼっ」がわが家にも導入されたわけです。

ガスの青い炎をこわごわ見ていたことなどすっかり忘れました。なんて便利なものやろうと思いました。薪を焚きつける手間はかかりませんし、なによりもその薪を用意する大変な重労働から解放されるのです。なにしろ「ぼっ」で一発ですから。

落ち着いて考えれば、それでご飯の味も変わったに違いないのですが、どう思い返してみても、炊飯器で炊いたお米の味をどうこう思った記憶がありません。文明の利器のあまりの便利さに心を奪われていたのだと思います。

中川さんの土鍋のご飯が、その何十年か昔の味を脳裏に甦らせてくれました。

久しぶりに味わうおくどさんの味のするご飯は、ほんとうにおいしかった。

私はしみじみと思いました。こんなおいしいご飯があったら、料理人の仕事なんてなにもいらんのやないか、と。

私も料理人の端くれとして、いろんな料理を作ってきました。たまにはお客さんにも褒められたりして、おいしいものを作ることにかけて自分はプロやと、どこか天狗《てんぐ》になっていたかもしれません。その天狗の鼻が、あの一口でへし折られた。

このご飯と、お漬けもんと味噌汁があったらもう他はなにもいらんなあ。

素直に、そう思いました。

料理人やと粋《いき》がっているけれど、このご飯に勝る食べ物をなにか自分は作れるやろか。そう思っても、なにも思い浮かびません。

それはそうです。ご飯には、味がついていないのですから。味がついていないのに、おいしいものに、どんな味つけをしようと勝てるはずもありません。

どんなおいしい料理でも、3日も続ければ飽きがきます。

けれどご飯だけは、毎日食べ続けても飽きることがない。

一生の間毎日三度ご飯を食べ続けても、人生で最後の食事に食べたくなるのは、やはり白いご飯です。

それは、ご飯に味がついていないからです。

ご飯には際だった味や香りがありません。他の料理に比べたら、ほとんど無味と言っていいでしょう。

無味のはずなのに、私たちはご飯の旨い不味《まず》いを味わい分けます。お米の品種の違いはもちろんのこと、米の吸水や火の加減、蒸し具合によっても、炊き上がったご飯の味や香り、食感は違うものです。

その違いは、実際にはごく僅かなものだと思います。

近頃は、私のお店にも海外のお客さんがいらっしゃるようになりました。その方が、どれくらい日本で過ごされたかは、この白いご飯を食べたときの表情でなんとなくわかる気がします。

他の日本のお客さんと同じように、おいしそうに食べる方もいらっしゃいます。きっと日本での生活が長いのです。

けれど白米を口に運んで、首を傾《かし》げる外国のお客さんも少なくありません。なんでこんな味のしないものをみんなおいしそうに食べるんだろうと、不思議そうな顔で周りを見回したりしています。無理もありません。おそらくは、ただ水で炊いただけの白米を召し上がるのははじめてなのでしょう。

白米のおいしさを味わえるようになるには、ある程度の経験が必要です。幼い頃から白米を食べて育った私たちは、自然にその経験を積んでいるわけです。

毎日のようにご飯を食べ、その淡い味の微妙な違いを味わうことによって、私たちの味覚や嗅覚は、知らぬ間に鍛えられてきたんやないのかなあと思っています。

脱穀してよくといだ米に水を吸わせ、火にかけて炊く。材料は水とお米と火だけ。混ぜ物の一切含まれていない、料理という言葉が大袈裟なくらいの単純な料理です。

けれどそれだけに、水の味、米の味の僅かな違いがわかります。

大昔からこの国に暮らしてきた人たちは、ご飯のおかげで繊細な味覚を身につけ、微妙な味の違いにうるさくなったのでしょう。

その繊細な感覚があってこその、日本料理でもあります。

春の筍《たけのこ》や山菜、瑞々しい夏野菜、秋の木の実や茸、そして滋味あふれる冬野菜。私たちの国にはたくさんの食材があります。

そのひとつひとつの食材の持ち味を大切にするのが、日本の料理の特徴です。食材が本来持つ味と香りをどれだけ上手に引き出すかが、料理の腕の見せ所です。余計な味をつけることは、あまり好まれません。

主役は食材であって、料理人ではありません。

それはあたりまえのことなんですが、頭でわかったつもりでいても、なかなかそのあたりまえのことを心底納得するのは難しいものです。

「あんたの料理はおいしいなあ。よそではこんなもん食べられへんで」

お客さんからそんな具合に褒められれば、嬉しくない料理人はいないでしょう。

自分の料理の腕がいいから、お客さんが来てくれはるんやと思い込んでしまうのです。

そして腕を過信する。食材に手を加えることが、料理の腕と勘違いしてしまう。

それがあのときの私でした。

土鍋で炊いただけのご飯のおいしさに衝撃を受け、私はそのことを悟りました。

このシンプルで完璧なおいしさを前にしたら、謙虚になるしかありません。

自分が店を開くとしたら、この土鍋とおくどさんを店の中心に据えよう。

そう心に決めました。


これが私と土鍋の出会いです。

私は中川一志郎さんに、友だちの誼《よし》みで無理なお願いをしました。

「この土鍋を世に出すのをなんとか4年待ってもらえんやろか。4年後にはこの土鍋でご飯屋を始めるから」と。

その頼みを中川さんが聞き入れてくれて、兄が亡くなって3年目の年に、銀閣寺さんの門前に小さいながらも一軒のご飯屋を開業しました。

それが現在の私の店、「草喰なかひがし」です。

草喰とは、そうじきと読みます。

読んで字の如く草を喰《は》むという意味ですが、これは「器覚倶楽部」の先輩が若い頃の私につけた渾名《あだな》です。

京都の町中に店を出すことになりましたが、草深い山里で料理を作っていた時代のことを忘れないという思いで店の名に冠したのです。後から振り返ってみると、この草という文字には味わい深い意味が含まれていたのでした。

『おくどはんのご飯に　炭火の肴と　山野草を添えて』

そう書いた木の板が、入り口の脇に架《か》かっています。

銀閣寺門前の小さなご飯屋です。

そこが私の店、「草喰なかひがし」です。

白いのれんをくぐって店に入っていただきますと、鰻の寝床というほどでもないのですが、奥に長い空間の右手にその朝私が野山で摘んできた草木を生けた花器と掛け軸、左手に12席のカウンターがあります。

カウンターの内側には、おくどさんとその隣に炭火の火床がしつらえてありまして、そこが私の仕事場です。ご飯を炊くのも、干物を炙《あぶ》ったり肉を焼いたりするのも、お客さんの目の前。その代わりと言ってはなんですが、熾《おき》た炭火のええ匂いがします。

土鍋とおくどさんをどんと中央に据えたこの店の形は、中川さんの土鍋で炊いたご飯をはじめて食べたあの日に、私の頭の中にポンと浮かびました。

ご飯が中心ですから、ご飯屋です。

それが、格好良くいえば私のコンセプトでした。

ご飯の単純にして素朴なおいしさを邪魔せず、なおかつそれに負けないものはなにかと考えて、目刺しをつけることにしました。カタクチイワシの目刺しです。

だからうちのメインディッシュは、ご飯と目刺し。

なぜ目刺しなのかと、よう聞かれます。

私はこうお答えします。

「たかが目刺し、されど目刺しです。苦味も甘味も、旨味も、目刺しには日本の味のすべてが含まれてる。あの苦味とご飯の旨味がまたよう合うんです……」

ご飯屋にしようと決めたのは、ここまでお話ししてきた通り、おくどさんの味を思い出したからではありますけれど、もうひとつ理由がありました。

私は独立しましたが、美山荘は兄の長男、私の甥《おい》っ子が立派に跡を継いでいます。美山荘の料理人だった私が、もしも京都の町中で以前と同じことをしたら、今までのお客さんはどう思うでしょう。美山荘は旅館ではありますけれど、あの摘み草料理を目当てにいらっしゃるお客さんは少なくありません。花背まで足を運ぶのは億劫《おっくう》だと思う方も中にはいるかもしれません。だから草餅栃餅は一切しない。うちはご飯と目刺しを中心に据えた献立にする。美山荘は料亭、うちは飯屋やと。ひとつの同じ絵ではなく、違う絵を描こうということで、決めたことでもあるのです。

そういう意味では、独立するにあたって、自分のオリジナリティを探し求めていた時期に、おくどさんのご飯という答えを見つけたのは幸運でした。

摘み草料理は花背の自然によりそうように生きてきた、私の家族の暮らしから生まれたものですが、おくどさんもまたそうであることに気づき、私はそこに料理人としての活路を見いだしたのです。

ご飯と目刺しという着地点は決まったのですが、そこにいたるまでの献立を組み立てるまでがまた一筋縄ではいきませんでした。

ご飯屋といっても、お客さんにお好きな料理をあれこれ注文していただくアラカルトの形式は考えていませんでした。

料理を食べるという経験は、音楽を聴くことに似ていると私は思います。

その音楽に喩えるなら、私が作りたいのは交響曲です。ご飯と目刺しは最後にお出ししますから、さしずめ終楽章ということになるでしょうか。

たとえばベートーベンの交響曲第九番の終楽章、皆さんもよくご存じのあの合唱に感動するのは、それまでの三楽章があるからです。もしも舞台に指揮者が登場して、いきなり最後の合唱を指揮し始めたら、おそらくあそこまで感動はしないでしょう。

「はじめちょろちょろ中ぱっぱ」ではないけれど、やはり導入部の第一楽章からそっと入って、次第にベートーベンの作り上げた音楽の世界に引き込まれ、感極まったところであの合唱が始まるからこその感動だと思うのです。

音楽の素養があると思われたらいけないので、またちょっと余談になります。

私は音楽は不得手です。

それというのも、私の通った中学校は僻地《へきち》にあったので、一クラスの人数が9人しかいませんでした。先生の数も少なくて、専任の音楽教師はいなかった。

音楽の担当は教頭先生で、専門は数学でした。だから音楽の時間は、雨の日は音楽鑑賞と決まっていました。昔のオープンリールのデッキを持ってきて、カチッと回してクラシックの曲をかけて、「これ1時間聴いとけ」と。それが雨の日の音楽の授業でした。

晴れの日の音楽の授業は、たいがいグラウンドの草引きです。冬前だとこれが薪集めになる。暖房が薪ストーブだったんです。薪がたくさん必要なので、生徒の家では薪を用意しておくことになっていました。その薪を各家庭から回収するのに、各家を回る。先生がトラックを運転して、男子4名がトラックの荷台に乗って各家を回る。それが音楽の授業だったもので、音楽の素養はまったくないのです。

ただ、そんな私も近頃はコーラスグループに参加している妻に誘われて、ときどきは音楽会に出かけることがあります。

そういう折に、音楽というものは料理に似ているんやないかと、しみじみ思ったというわけです。まあ、それは世の中のことはなんでも料理に引きつけて考えてしまう、料理人の悪い癖《くせ》かもわかりませんが……。

鯉を飼うための地下水

そういうことで、この話は、あくまでも素人の思いつきという前提で読んでいただきたいのですが、料理も同じだろうと思うのです。

音楽会でええ音楽を聴いた後には余韻《よいん》が残ります。ああええ音楽やった、また聴きに来たいなと思うわけです。

この余韻は料理にも大切です。おいしかったなあ、というだけでは、まだちょっと足りない。食べ終えて、またこの店に来たいなあ、またこの料理を食べたいなあという余韻があってこそ、ほんとうにええ料理なんやないか。

ではその余韻はどうして生まれるかといえば、それが今話したベートーベンの交響曲第九番の構成です。バイオリンにビオラ、金管楽器に木管楽器、ティンパニとかいろんな楽器があって、これは料理でいえば食材にあたるわけですが、そういうさまざまな楽器で奏でられる旋律と似たものが、料理の一皿一皿の中にもあって、その前後のつながりというものが、やっぱり大切なのかなあと思うわけです。

いや、もちろん、ご飯に目刺しは、そこに味噌汁と漬け物を合わせれば、ひとつの食事として完結はする。けれど、それだけで終わってしまっては、それこそ私の出る幕がありません。慣れない京都の町中に移り住んでまで独立する機会を得たのですから、やはりそこに私ならではの表現を込めたい。

ご飯と目刺しを最高のフィナーレにするために、最初の一皿から始まって、なにを食材に使いどんな料理を作るか、どんな旋律を奏でさせるか、私ならではの三楽章をいかに組み立てるか。

この料理を召し上がったら、お客さんはどう感じるやろか。このお皿の次に、この一品をお出ししたら、きっと驚くんやないやろか。そんなことをあれこれと想像しながら献立を考えるのは、今の私には大きな楽しみでもあるのですが、その境地に達するまでには、ああでもないこうでもないという試行錯誤の連続でした。

特にあの最初の時期は、これだというはっきりした方針が定まっていません。ご飯に目刺ししか決まっていない、言わばなんでもありの時期でしたから大変でした。

たとえば、お造りにしてもそうです。

町に出たのですから、海の魚の刺身を使おうと最初は考えました。海から遠い花背でお造りと言えば、鯉や鮎などの淡水魚がもっぱらでしたから。バラエティ豊かな海の魚をお造りにすれば、献立も華やかになると単純に考えたのです。今まであまり使わなかった食材を使ってみたいという、料理人としての好奇心ももちろんありました。

それで海の魚を仕入れてはみたのですが、いざお造りにしてみるとどうも他の料理と噛み合わない。簡単にいえば、例のフィナーレに上手くつながってくれない。

鯛や平目のお造りを出してたんでは、白ご飯と目刺しにそぐわない。しっくりしないというか、そこまで行き着かないのです。海の魚には微かな渋みがありますから。お造りの後になにににしようというと、なかなか野の草やら葉っぱやらでは受け切れない。

その前に野の青臭い草々やら力強い野菜を食べてもらっていて、はじめてお客さんの味覚の中で目刺しにご飯がええ出会いを迎えるわけですから。

そういう中で、どうしたらいいかと悩んでいたら、あるお客さんが「こんなおいしい鯉があんねやから、鯉で通したら」と言ってくださった。

鯉は用意してあったんです。

……というより、そもそも銀閣寺門前のあの場所に店を開いたのは、鯉のおいしさをもういっぺん町の皆さんにも味わっていただきたいという理由もありました。

あの場所に店を構えたのは、隣にお風呂屋さんがあったからです。今はもうやめてはりますが、隣に銭湯があって井戸水を使《つこ》うてはりました。その井戸水を使ってもいいということが決め手でした。

子どもの頃から谷水で育ちましたから、水道水がどうにも飲めません。自宅は水道水で、顔くらいは洗いますが、コーヒーを淹《い》れる水もわざわざ友人から分けてもらっているくらいです。カルキの匂《にお》いが気になって仕方ないのです。

まあ自宅はそれでなんとかなるのですが、店となるとそうはいかない。鯉はカルキの水では飼えないからです。

鯉は魚偏に里と書きます。

里、つまり内陸の魚ということです。昔は海の魚は海辺の人しか食べられなかったんです。だから内陸部では、ドイツからずーっとチェコスロバキア、中国にいたるまで、鯉がいちばん位の高い魚だったわけです。京都も内陸ですから、鯉がいちばん位が高い魚だった。あの式包丁も、その昔は鯉でやるもんだったという話を聞いたことがあります。

ところが流通が良くなって、京都でも新鮮な海の魚が食べられるようになった。それで鯉をあまり食べなくなった。鯉はそのままやと泥臭いし、骨も多いので、おいしく食べるには手間がかかります。それでだんだん鯉を食べなくなって、そのうちに鯉をおいしく食べるための技術も継承されなくなった。

京都には昔からたくさん川魚料理の専門店がありましたが、今は少なくなりました。鯉が海の魚にとって代わられてしまったわけです。

山里にはそういう川の魚をおいしく食べる知恵が残っていました。時代に取り残されるといえばなにか悪いことのようですけれど、悪いことだけではないんですね。花背ではよう鯉を食べてましたから、そのおいしさはわかっています。これを町の人にも食べてもらいたいなあということで、鯉を仕入れてはいたんです。

ただ、鯉は仕入れてすぐに捌くわけにはいかない。

やっぱりそのままでは泥臭いですから。それに鯉は肉食ですから、泥鰌《どじょう》にしてもみんなそうですけれど、釣ってそのままは食べません。裏庭に地下水を引いて、そこで飼い慣らして、何ヶ月か置いてから食べるものでした。

鯉が泥臭いというのは、そういう手間をかけてないからです。この手間さえかければ、鯉はえもいわれぬほどおいしい魚です。海の魚のような渋みもありません。身は甘くて、水のええ香りがします。

私のとこでは、まず滋賀の安曇川の問屋さんで3ヶ月間綺麗な水で鯉を飼ってもらっています。それをだいたい1週間に1回、店に運んでもらいます。今現在は1週間で70〜80匹の鯉を使います。これを店の地下の生け簀《す》で生かして、そこから毎日必要な分の鯉を掬《すく》い上げて料理していきます。

この生け簀に大量の井戸水が必要で、それで今の場所に開業したのです。

そういうわけで、鯉の料理をお出しすることは考えていました。

ただ、通年のお造りとして、すべて鯉で通すことは考えていなかったのです。

「鯉は嫌いや」と言うお客さんもいらっしゃいますから。

まあ、口上は言おうと思ってましたが。

「うちは3ヶ月間、鯉を飼い慣らしてます。泥も吐かしてますから、臭みはまったくありません。骨もあたらないように工夫してます。私は鯉に恋してるんです」

と、下手な駄洒落《だじゃれ》で申し訳ありませんが、そんなことで笑いを取りつつ、そこまで言われたら、試しに口にしてくれるお客さんもいらっしゃるやろと、まあ、そのくらいに考えていました。

ところが実際に鯉のお造りをお出ししてみると、お客さんの反応は予想外でした。

「お、旨いやないか」

「ここの鯉ならおいしく食べられるわ」

たくさんの方にそう言っていただきました。

海の魚のお造りが、私とこの料理と上手く嚙み合わないので悩んでいたら、「こんなに旨い鯉があるんやから、これで通したらええやん」と言ってくださるお客さまもいたというわけです。

そういうお客さんの声に背中を押されて、ようやくお造りは鯉でいこうという方針が決まりました。この鯉には、私の得意とする野の草々がまたよう合うのです。

不揃いの野菜はおいしい

お造り問題はそれで解決しましたが、もうひとつ難問がありました。

野菜です。

町で買う野菜の味が、どうにも物足りなかった。

見かけは申し分ありません。葉野菜にしても根野菜にしても、大きさも形も揃った、傷ひとつない、それは見事な出来の野菜がいくらでも手に入ります。

ところがいざそれを洗って、切って、料理しても、味に力がない。香りが弱くて、風味も足りない。一言で言うなら、その野菜本来の味がしない。

花背にいた頃、叔母《おば》から、畑のニンジン抜いて持っていけと言われたことがあります。

「わての作ったこのニンジンなあ、『ニンジン！　ニンジン！』言うてるで」と。

言われるままに持ち帰り、炊いて食べて、叔母の言う意味がわかりました。

一噛みごとに、口の中のニンジンが声をあげるのです。

「ニンジン！　ニンジン！」と。

いやこれは冗談でなく、そんなニンジンがあるのです。

お客さんの中にも、そんなことを言う方がときどきいますから。

「いやあんたのこのニンジンな、自分でニンジンや、ニンジンや言うとるで」

ニンジンは普通は一皿の中での主役にはなりません。つけ合わせという役割に回ることが多いのですが、あの叔母のニンジンは違いました。たとえ皿という舞台の隅っこにのせたとしても、「私はここにいる」と主張するでしょう。そして主役の座を奪ってしまうに違いありません。

あの頃の私が求めていたのは、たとえばそういう野菜でした。

店の名の頭が「草喰」ですから。

魚や肉ももちろんお出ししますが、私の交響曲の中では、むしろ脇役。主役の草や野菜のおいしさを引き立てるための、魚であり肉なのです。

その意味では、私が恋する鯉でさえ。

春の鯉のお造りの皿には、何種類かの野の草がのります。

それは鯉の潜む池の周りに生える野草たちなのですが、そのひとつひとつの草の香りと味を楽しんでいただくための鯉のお造りなのです。

そやから、うちの主役は草であり野菜ですと言うてます。

だからこそ、主役としてのしっかりした個性のある野菜が欲しい。

ところが町の八百屋さんを回っても、そういう野菜に出会えない。

不味いとは言いません。出来が悪いわけではない。いや、「野菜」としては優等生と言うてあげるべきなのかもしれない。

けれどそれでは、私の四楽章が奏でられない。

それぞれの楽器が「私はここよ！」「ここにいるぞ！」と、生きる喜びを叫んでいるような、そんな野菜を私は必要としていました。

優等生の誰にも文句のつけようのない野菜を使いながら、でもほんとうに奏でたいのはこの旋律《せんりつ》じゃないなあと、野菜を探しあぐねて頭を抱える日々が続きました。

でもほんまにお客さんというのはありがたいもので、私が困ってぼやいていると、いつも助け船を出してくれます。これがカウンター飯屋のええとこですな。

そのとき助けてくださったのも、一人のお客さんでした。

「美山の野菜を扱ってる八百屋さんを見かけたんやけど……」

私が花背から来たことを知っていらしたから、そう教えて下さったんやと思います。

懐かしさもあって、すぐに訪ねました。

店先を覗いて、私はなにがいけなかったのかわかった気がしました。

そこに並んでいるのは、いわゆる優等生の野菜ではありません。

その昔、『ふぞろいの林檎《りんご》たち』というドラマがありましたけれど、まさにそんな感じの大きさも色も不揃いの野菜たちでした。形も個性派揃いです。

畑の中に小石があると、大根が二股になったりして、昔はそういう大根がよくあったものですが、町ではついぞ見かけませんでした。町で売られているのは歌劇団のレビューダンスのように、隣の人の脚と見分けがつかないくらいに揃った大根ばかりだったのですが、その店の野菜は違いました。良くいえば個性派揃い。でも口の悪い人なら、「なんやこれ大根かいな？」と言いそうなものばかりです。

私にとって、それは馴染み深い野菜だったはずなのですが、町で暮らし始めてすっかり忘れていました。

町の野菜の見事さに目を眩《くら》まされていたのです。

さっそく店に持ち帰って試食したのですが、外見もさることながら、とにかくその味が素晴らしかった。「ニンジン！　ニンジン！」と叫んでいるような野菜ばかりです。

花背で暮らしていた頃、町には食材があふれているように見えました。野菜にしても魚にしても肉にしても、全国各地からいろんな食材が町に集まってきます。山里で手に入る限られた食材をなんとか工夫して料理をしていた身としては、バラエティ豊かな食材の中からなんでも選べる町の料理人が羨ましくもありました。

確かにそれはそうだったのですが、実は町ではなかなか手に入らない食材というものもあって、それがたとえばこの美山の八百屋さんが扱っている力強い野菜なのでした。

美山の野菜は山里の小さな畑で細々と作られていて、都会の人々のお腹を満たすほどにたくさんは収穫されないのです。自家消費される分がほとんどだから、町にはまず出回らない。その美山の八百屋さんは特別でした。

町ならなんでも揃うと思ってましたから、どこかにないかと町中を一所懸命探し回ってしまい、思ったような野菜が見つからなかったのです。

なんのことはない、幸せの青い鳥ではないですが、自分がつい何年か前まで暮らしていた山里に求めるものはあったのです。人間というのは、なんと愚《おろ》かなものでしょう。

それで目が覚めまして、それから店が休みの日に美山の農家を回るようになり、この本の冒頭でお話しした篤農家《とくのうか》のご老人に巡り会ったというわけです。

ただ店で使う食材は毎日のこと。店から美山まで車を飛ばしても1時間半はかかりますから、行けるのは休日に限られてしまう。ことに葉物などは朝採れの新鮮なものがいちばんですから、もう少し近いところはないかと探して巡り会ったのが大原でした。

京都市内から車で僅か15分、そこに野菜の朝市が立つようになったという噂《うわさ》を聞いて、ものは試しと出かけてみたのですが、そこで懐かしい人に出会いました。

大原とは小さなご縁がありました。

私がまだ若かった頃の話です。

美山荘では自分らで柴漬けを漬けてたんですが、季節の終わり近くに紫蘇が足りなくなって、大原を訪ねたことがありました。あそこなら少しは紫蘇も残ってるんやないかと。大原は紫蘇の名産地として有名でしたから。

夕方になって、どっかに紫蘇ないやろかと横目で畑を見ながら車を走らせていたら、お孫さんを背負って農道を歩いてはるご婦人に行き逢いました。

「すんません、このあたりで紫蘇を分けてもらえるとこないですかねえ」と声をかけましたら、そのご婦人が「今頃、そんな紫蘇取りに来てもないで。うちに種取り用の紫蘇があるから」と、貴重な紫蘇を分けていただきました。

そのときのご婦人が、朝市にいてはったのです。当時、60歳くらいでしたやろか。

「いやあ、あのときは」とご挨拶して、そこでまたご縁がつながりました。

今は80歳を過ぎているはずですが、お元気に畑に出ておられます。この方の作る野菜がまたおいしくて、現在もおつきあいさせてもろうてるんです。春先に小指の先くらいの可愛い紫蘇の若葉が出来るんですが、それがうちの皿にのっていたら、このご婦人がひとつひとつ指で摘んだ紫蘇です。

それはともかく、この方とのご縁で、大原の農家の方々とだんだん知り合うようになりました。大原の朝市の発端は、農業クラブという地元の老人会の方々の集まりでした。本業というよりも、老後の趣味の延長で畑作りをしている方が多かった。

あのあたりは風致《ふうち》地区に指定されているから、建物を新築するにも京都市長の許可が必要です。大規模な宅地造成などはできない土地です。

それで昔話に出てきそうな、山懐に抱かれたあの里の風景が守られているのですが、おかげで先祖伝来の小規模な田畑が開発をまぬがれて残っている。

その田や畑をぼうぼうにしておくわけにはいきませんから、町に勤めていた方たちが、定年退職後に昔取った杵柄《きねづか》というやつで野菜を作る。元々の農村地帯ですから、皆さん子どもの頃から土には親しんでいて、野菜作りの技術は確かなものです。趣味の延長とはいっても、都会の方が一坪農園を借りて家庭菜園をするのとはわけが違います。家族の食べる分でも作ろうかというつもりで始めても、そこそこの量が採れる。近所の人やら、町で暮らす子や孫やらに送ってもまだ余ってしまう。

それでその農業クラブのおじいちゃんやおばあちゃんたちが、ほんならみんなで集まって売ったらどうやろか、いうことで大原の朝市が出来たのです。

そういうわけですから、皆さんあまり商売っ気がない。

私がはじめて行った頃は、よその人は誰も朝市が立ってるなんて知りませんから、地元のお客さんがぽつぽつ覗きに来るくらいでした。

そんな朝市へ、その紫蘇のご婦人に紹介されて「銀閣寺でご飯屋始めましてん」と入っていったわけですから、私はいいカモでした。……いや、カモは言い方が悪いですな。これはええお得意さん候補が来たということで、「この野菜、買《こ》うて」「買うて」と、皆さんからセールスプロモーションをかけられたのです。

そやけど私も店をオープンしたてで、まだお客さんもそんなにないですから。いやほんとうのことをいえば、あまりの閑古鳥でどうしようと、このおくどさんで炊いたご飯でお握り作って、店の前で銀閣寺参りの観光客に売ろうかなんていうことまで考えてた頃です。「そんなに量を捌けないんです」と正直に言うたら、今度は気の毒がってくださった。「ほんなら、これ持って帰ってや」「これも持っていき、あげるわ」という具合で、たくさん野菜をいただいて持って帰りました。

そんなにもらっても使い切れませんから、何人かの知り合いの料理人に分けました。ほんまにええ野菜ばかりやったので、無駄にしたくなかったんです。そしたらレストランをしている友人も、割烹《かっぽう》の友人も異口同音に、「こないだもらった野菜、あれどこの野菜や。えらいおいしかったわ」と大評判になりました。

「大原の朝市の野菜なんや。良かったら行こうよ」と、料理人が連れだって朝市に顔を出すようになり、その仲間が４人、５人、６人、10人になり、果ては朝市倶楽部という組織まで作りました。

作り手によっても野菜の味は変わります。そうなるとプロですから、やっぱりおいしい野菜の作り手に集中するわけです。ひとりじめしたらあかんから、倶楽部を作って分けようやいうことで、そんなことしているうちにみんな仲良くなりまして。こんなにおいしい野菜があるんやから、ひとつ普及活動しよかいう話になった。お客さんが増えれば、農業クラブの皆さんも野菜作りに張り合いが出るに違いありません。

もっと大原の野菜を知ってもらおうということで、若い料理人の子を集めて野菜の勉会をしたり、野菜の試食会をしたりするようになりました。

そんな話がだんだんマスコミにも伝わり、ＮＨＫやらのカメラが入ったりして、ある朝行ったら、ずらーっとお客さんの長い行列ができていました。知り合いの農家さんに「近頃、えらい人増えましたなあ」て言うたら、笑いながら「中東さんがテレビ出たからあかんねや」と叱られたり……。

まあ、そんなことがあって、今ではこの朝市もすっかり有名になり、大原は野菜の里というイメージが広まりました。


大原にはいろんな方をお連れしました。

アラン・デュカスさんをお連れしたこともあります。

33歳にして史上最年少でミシュランの三つ星を獲得した、フランス料理の世界ではあまりにも有名なシェフです。世界各国でレストランをプロデュースし、それぞれにミシュランがつけた星の数を合計すると11とか12とかになるという方です。

そのデュカスさんが、私の店にいらしてお食事をされたのですが、そのときにこう仰ったのです。

「正直に言うと、僕は今まで日本の野菜は不味いと思っていた。だけど、君のこの料理の野菜はなんだ。どれもすごくおいしい。どこで作っているの？」

わが意を得たりとはこのことで、私は翌朝デュカスさんを大原にお連れしたのです。

知り合いの畑で人参を引っこ抜きまして、デュカスさんに食べさせようとちょっと水道で洗って戻ったときの光景を昨日のことのように思い出します。

デュカスさんは自分で人参を抜いて、指で泥を落としてかぶりついていました。人参を囓りながら、ニコーッと笑った顔を見て、私は「いろいろ言われてるけど、この人もやっぱり料理人やったんやなあ」と、嬉しくなりました。

そんな世界中をあちこち飛び回って、何軒もレストランを経営しているからには、もう料理なんてする暇ないやろと、失礼ながら密かに想像していたのです。

そしてまた、やっぱりどこの国で生まれ育った方が食べても、おいしい野菜はおいしいんやなあと思いました。


大原の野菜がおいしいのは、元々が家族のための畑やったからです。

町で流通する野菜は、売るために作ってます。

その大原のおばあちゃんたちが作ってる野菜は、本来は売るためじゃないわけです。孫や息子のために作ってる。作る思いが違います。その思いが野菜に息づいています。

そういう畑に毎日通っていると、野菜の成長に格差があるんです。

野菜の出来に凸凹があるわけです。流通には向きません。

自分たちが日々食べる野菜、子や孫に食べさせる野菜だから、市場に出荷する野菜のように大きさや形を揃える必要はない。だから農薬や化学肥料はできるだけ使わずに、昔ながらのやり方で野菜を育てています。

虫に多少喰われようが、大根が二股になろうが、味に変わりはないですから。いや、ほんまのことをいえば、そういうものはなるべく使わないで育てた方が、やはり野菜はおいしいです。

ほうれん草でも水菜でも、葉っぱを少し千切って食べただけでわかります。化学肥料と農薬を使ったものはやっぱり微妙に硬い。自然に育てた野菜に比べると、柔らかさや甘味がどうしても落ちます。

農薬や化学肥料を否定しているわけではありません。

アメリカやオーストラリアのような国の地平線まで続く小麦畑やジャガイモ畑が農薬や化学肥料を使わずに成り立つとは思えません。75億人という今の地球の人口を支える食糧を生産するには、そういうものも必要なんだと思います。

そんな大きな話を持ち出さなくても、小規模な農家さんでも、わが家の小さな田や畑を守るために、どうしても消毒せなあかんというときもあると思います。野菜が病気になったら、手を打たなならないこともあるでしょう。

消費者は簡単に、「なんでも自然のもんがええ」と言いますけれど、ではなにが自然なのかということはよう考えなならん問題です。

詳しい事情もよう知らずに、なんでもかんでも農薬はあかん、化学肥料は絶対に使ってはあかんということになったら、きっと農家の方は困ると思います。農家には農家の苦労があるわけで、それを外野からとやかく言うつもりはありません。

ただ、野菜を日々使わせてもらってる者の立場から言わせてもらえば、やはり農薬や化学肥料をできるだけ使わないようにしている畑の野菜に軍配が上がるのです。

誰に言われたわけでもないのに、大原で野菜作りをする人たちは、昔ながらのあまり農薬や化学肥料に頼らない農業をしてきました。

家族用が主ですから、自然にそうなった。子や孫に食べさすことを考えたら、できるだけ農薬は使わんとこ、となるのはあたりまえやと思います。

もちろん手間はかかります。

薬をやらなんだら、他の草もぼこぼこ生えてきます。虫も飛んでくるでしょう。虫が発生したら手で取らなあかんし、夏の雑草取りにも時間がかかる。

朝の早い時間に大原に行くと、畑の中に一人ぽつんとしゃがみ込んで草を抜いたり、間引きをしたりしているお年寄りの姿をよう見かけます。ああやって朝から日がな一日畑に座っても、畑一枚の作業を終えるだけで何日もかかるでしょう。

毎日毎日、畑の土や野菜たちに、それだけの手間暇をかけるのが大原の農家です。野菜たちは太陽の光や水だけでなく、農家の愛情をたっぷりとそそがれて、葉を広げ根を伸ばしながら、じっくりゆっくり育っていきます。

大工さんの仕事でいうなら、釘《くぎ》をたくさん使ってバタバタ突貫工事で建てた家と、宮大工がするように、きちんとほぞを合わせて組み上げた家と、どっちが長持ちするか、どっちの家に愛着が持てるかという話と同じです。

そんな野菜がどんな味がするかは、食べる前からわかります。

どこまでも効率を優先し、畑の土に効きのいい化学肥料をこれでもかとほどこし、葉の一枚にでも病気や虫がつかないように頻繁に農薬を撒いて育てた野菜には、その姿形こそ見劣りしますけれど。

大原は盆地で、昼夜の寒暖の差が激しい土地です。この寒暖の差のおかげで、それでなくても野菜はおいしく育つわけですから。

そういう土地で、手間暇をかけて育てられた野菜がどんなにおいしいことか。デュカスさんが驚くのも無理はありません。

昭和の一時期は、そういう効率の悪い昔ながらの野菜作りは、時代遅れとみなされていました。新型の農機具を導入して、大規模に効率良くやらなければ、日本の農業に未来はないなどといわれたものです。

いや、今でもそういう考え方は根強く存在しています。

けれど、この20年ほどですが、大原という里を見続けた者としては、そういう時代の流れが変わり始めていることを強く感じます。

大原の農業クラブは、引退した高齢者の方々が始めたと書きましたが、最近はそのメンバーの中に若い方が増えつつあるのです。他の職業から農業に転職して、大原に移り住むようになった若者も少なくありません。そしてそんな若い人の大半が、農薬や化学肥料を使ういわゆる慣行農法ではなくて、そういうものを使わない、つまり手間のかかる有機農業や自然栽培を選択します。その方がやりがいがあるという彼らの言葉を聞いて、時代が変わりつつあることを感じるのです。

同志社大学が有機農業塾というのを作って、大原で活動をしていますが、大原の若い入居者の半分がそこの生徒さんになっています。彼らの作る野菜がまたおいしくて、ますます大原に通うのが楽しみになっています。

最近は八百屋さんの中にも、面白い若者が出てきています。私の若い友人の一人に、京都大学出の八百屋さんがいます。彼女は固定した八百屋の店を持つのではなくて、軽トラックを使った移動式の八百屋さんです。今流行《はや》りのSNSを使いこなして、京都のええ野菜を全国に発信したりもしています。

格好良くいえば、野菜のキュレーターでしょうか。一所懸命いい野菜を作っている農家と、そういう野菜を求める都会の消費者をつなぐ役割を果たしています。

彼女のような若者が増えれば、日本の農業もきっと変わるだろうなあと思います。

大原と真っ赤なスズキX-90

話が少し先に飛びました。

元に戻すと、そういうことで大原は私にとって欠かせない場所になりました。

20年経った今も、毎朝大原へ「仕入れ」に通っています。

店の休み以外は、文字通り毎朝。

この毎朝というのがとても大切で、ざっと計算すると少なくとも6000日以上は大原に通っていることになりますが、その6000日は料理人としての私の最大の財産です。

朝市にも顔を出しますが、あちこちの知り合いの農家の畑、畑と畑の畦道、さらに周囲の山や森の中、林道に川辺の小径……。毎日歩いていますから、どこの畑にはどんな野菜が植わっているか、どの林の奥にどんな野草があるか、どの季節にはどれくらい成長しているかを、瞬時に思い浮かべることができます。

そのすべてが、言うなれば私の「中央市場」です。

畑はともかく、畦道や林道や川辺を歩いても、そこに食材があるなんて、最初の頃はよくわかりませんでした。けれど今は、たとえば小川にかかった橋から河原をさっと眺めただけで、あそこに食べ頃の犬辛子《いぬがらし》があるとか、そこの芹《せり》は食べ頃になったというのが、ぱっと目に飛び込んできます。

いやそんなことせんでも、今ここでちょっと目をつぶっただけでも、今頃はあそこの畦道で土筆が穂を出し始めてるやろとか、どこの林の外れで野人参が柔らかな葉を茂らせてる頃やなあとか、だいたいの景色が思い浮かびます。

ご馳走という言葉がありますが、まさに私は大原周辺の自然の中を馳《は》せ巡って、その日の食材の「仕入れ」をします。そやから私の料理は本物の「ご馳走」やと、まあ冗談半分に言ってるんですが。

ちなみに、この毎朝の大原参りに欠かせない私の愛車は赤いスズキX-90（エックスナインティと読みます）。自動車に詳しい方でも、ご存じないかもわかりません。

2ドア2シーターの小さな車で、全体のシルエットは軽トラに近いのですが、荷台の部分は独立したトランクです。しかも屋根は取り外しできるグラスルーフなのでオープンカーにもなります。

前から見るとあのカプチーノのような小型スポーツカーに見えなくもない、けれど後ろから見ると荷室のある軽トラという……こう書いても、見たことのない方には、どんな車なのやら頭に浮かべるのが難しい車です。

車種でいうと小型のクロスオーバーSUV。なんでも90年代の初めに海外のモーターショーに参考出品したところ、ヨーロッパの車好きの方々にはけっこう好評で注文が入ったというので、日本でも発売されたそうです。

残念ながら国内での売れ行きははかばかしくなく、１９９７年の秋から99年の暮れまでの2年ちょっとで販売終了となりました。国内販売数は１３５０台ほどだったと聞いています。

癖のある形が、日本では受け入れられなかったのでしょう。

けれど私はこの車が大好きです。車幅が狭いのでどんな細い林道でも入れますし、小さいながらも立派なトランクがあって荷物はけっこう積める。しかもお天気のいい日はグラスルーフを外して気持ちのいい風を感じながらのドライブを楽しめる。毎日の仕入れにこんなに便利な車はありません。

なによりいいのは、その個性的な姿形です。20年前に生産中止となり、元々の数も少ないので、京都近郊で走っているのを見たことがない。大原のどこかに真っ赤なX-90が停《と》まっていたら、それは間違いなく私の車です。どこでなにをしていても、中東が来てるんやとわかる。顔見知りやなくても、「こんにちは」と声がかかります。誰かの畑に入っていても、山で山菜や茸採りをしていても、あの人なら安心やとわかってくれはる。赤いX-90は、いうなれば大原での私のパスポートです。

実は私、この赤いX-90を2台持っています。１３５０台のうちの2台。

あるお客さんから、「うちの家内も同じ車持ってるんやけど、ぜんぜん乗ってないんで。中東さんなら丁寧に乗ってくれるやろから」と、譲っていただきました。

渡りに船ということで、ありがたくいただきました。数の少ない車なので、壊れたときの部品の供給が心配だったのですが、これでひと安心できました。

店を始めたときに買って毎日乗り続けてきた車ですから、できることなら最後まで乗り遂《と》げたいと思ってます。1号車の現在の走行距離は24万キロを超えました。2号車は14万キロです。合計約40万キロ。

お月さんに行けるほど大原に通った計算になります。

「料理屋で目刺し出すか?」

話を元に戻すと言いながら、また寄り道してしまいました。

まあ、いい摘み草をする秘訣《ひけつ》は、ふと思い立ったら寄り道を厭《いと》わないことですから、お許しいただきましょう。

そんなこんながありまして、花背の山奥から町に降りてきて、あっちに頭をぶつけこっちで石に躓《つまず》いたりしながらも、今日まで店を続けることができました。

今だからお話しできますが、「草喰なかひがし」なんて、ある意味気負った店名をつけてしまったがゆえに、最初の半年はほんまに砂を噛む思いの日々でした。

時期でいうなら、バブルが弾けた影響が社会の隅々にも行き渡り、飲食業界で聞くのも不景気な話ばかりでした。

そんな時代に草喰、草を喰むなんていってもねえと、行く末を心配してくれはる声もずいぶん聞きましたし、他ならぬ私自身が、迷い続けました。

町の店なんやからと、鯛や平目を仕入れたのが、そのなによりの証拠です。

そういう迷いは、お客さんにも伝わるのかもしれません。

最初の半年は、ほんまの閑古鳥でした。

今考えてみれば、それで良かったのだという気がします。

あの迷った時期は、結局のところ自分は自分でしかないということを悟るための時期でもありました。なんやかんや言うても、自分の舌を信じ、自分がいちばんおいしいと感じるものを、お客さんにお出しするしか私にできることはないのです。

その頃のことで、ひとつ忘れられない思い出があります。

美山荘の弟が店を開いたんやからどんなとこか見に行ってやろうと、兄とおつきあいのあった西陣の旦那衆《だんな》が来られたことがあります。

とは言え、どなたがいらしても、お出しする料理に変わりはありません。

例によって、おくどさんのご飯と目刺しをお出ししたら、じっと見つめて一言。

「料理屋で目刺し出すか？」

そう言われました。

さーっと頭から血が下がり、どないしようと思いましたけれど、料理を引っ込めるわけにもいきません。「料理屋やのうて、ご飯屋です」なんて軽口を叩ける雰囲気でもありません。なんと言葉を返せばいいかわからず、下を向いて黙っておりましたら、目刺しを召し上がる気配がしました。

そして、また一言。

「そやけど、この目刺し旨いなあ。もう一匹焼いてくれるか？」

いや、あのときはほんとに嬉しかった。

いろいろ迷うこともありましたが、誰になんと思われようと、自分はこの道を行こうと心に決められたのも、そういうお客さんの一言があったからでした。

つらつら考えてみますと、「ご飯屋をやる」と病床の兄に言ったときからずっと、兄は私の右肩におってくれたんやと思います。

店の建物を作るときも、私はどうしても花背の材料を使いたかった。それはなかなかに大変なことやったんですが、大工さんも不思議がるくらいに、どんどんどんどんええ材料が集まってきてくれました。

野菜で困っていたときも、なんとか解決策を見つけられたのは、近所に美山の野菜を扱う八百屋さんがいてくれはったからです。広い京都の町中に美山の野菜を専門に扱う店なんて他にないはずですが、それが私の店から歩いてすぐの近所にあったなんてほんまになにか不思議な力が働いたとしか思えません。大原の農家の皆さんとの長いつきあいのきっかけも、美山荘時代に結んだご縁からでした。

私がなにかで悩むたびに、その答えが故郷の方向からやってきてくれました。

それは、私にとっては、自然の懐の中で生きてきた、自分たち家族の暮らしの尊さを再認識することに他なりませんでした。はっきりと意識したことはないのですが、振り返ってみると結局はそうなりました。鯛や平目のお造りをお皿にのせられなかったのも、結局はそういうことやと思います。

田舎の鼠《ねずみ》は町の生活に馴染めず故郷に帰りますが、私はむしろ町に暮らしたおかげで田舎での人の生き方の価値に気づかされました。

前に言いましたように、若い頃の私は母の料理は素人料理やと軽く考えていました。そ
れが考え違いだと知ったのは、町で料理をするようになってからのことでした。

花背や大原のお年寄りの作る野菜の価値に気づき、この命の力に満ちたおいしさを損なうことなくお椀の中に生かすにはどうしたらいいか。そう考え抜いた先の答えは、数々の料理本の中ではなく、まさにあの母の料理にありました。

確かにそれは素人料理かもしれません。けれどそれはまた、いつも自然によりそって生きてきた人の知恵が育んだ料理なのでした。

大根の命、蕪の命、ジャガイモの命。そういうものを真っ直ぐに受け止めて、子においしく食べさせようという、ただそれだけを思う親の心から生まれた味なのです。

どんな偉い料理人であろうと、そんなものにかなう料理は作れません。

料理人の料理よりも、家庭料理こそが本物やと私は思うのです。

そんな風に思えるようになったのも、観音様のお導きかもしれません。

第三章　草を摘む

楷書を崩して草書　その草の心の料理

草喰を店名の頭につけたのは、昔の私の渾名から。草を喰むから、草喰としたという話を前にしました。けれど後から考えてみると、巧まずして実によくもうちの店を言い表した文字を選んだもんやなあと思います。

草喰の草は、真行草の草でもあります。

真行草は元来は書道の用語で、真は真書、行は行書、そして草は草書を意味します。真書は楷書、つまり今のこの本で使っている活字体のような、省略なしの正式な文字です。草書はその反対の崩し字、今はむしろ読むのが難しいくらいですが、元々は普段使いの書き文字でした。

このことから派生して、日本文化の文脈で草と言えば、肩に力の入らない普段のことを広く意味します。生け花にも日本画にも、能狂言の世界にも真と草はあります。狂言はいうなればお能を崩したもの、すなわち草と真の関係にあるといえます。

私にとって草喰とはすなわち、普段のご飯の意味もあります。ご飯に目刺しがメインディッシュの、うちの店にふさわしい言葉なんやないかと思うのです。

正式な本膳《ほんぜん》料理を真とすれば、私のはそれを崩した草の料理ということです。

これは日本独特の、ハレとケという分け方にもぴったりと合う。

ハレの舞台とか、ハレの日という言葉があるように、ハレとは祝いごととかお祭りのような特別な時間を意味します。そういう日にはみんなハレ着を身にまとい、ハレの料理をいただきます。非日常の時間です。

これに対して、ケは日常。普段着で過ごす日常生活です。

真行草でいうなら、ハレが真でケが草ということですね。

料理なら、ハレの料理はやはり本膳料理でしょう。

楷書には厳密な決まりごとがあって、止めるところは止め、はねるところははねないと間違いになります。

懐石料理も、そういう感じがあります。料理の構成としては、端々までよく考え尽くされていて、極めて完成度の高いものです。その意味で、一点の隙もない。

けれど隙がないがゆえに、召し上がる側も、作法に気をつかいます。約束ごとがきちっとありまして、やはりそれを守らないと形にならない。型にとらわれず、お好きなようにといわれても、実際にはなかなかそうはいきません。私などの不調法者だと、自分の作法は間違ってないやろかと、いらんことばかりが気になって、後になってなにを食べたかもよく憶えていなかったりします。

そういう楷書を崩して、もっと楽に楽しんでいただきたいという意味での、草喰でもあります。先ほども言いましたように、まあこれは後から思ったのですが。

夢は枯れ野をかけ廻《めぐ》る

けれど、それは店名に草喰という言葉をつけたときから、私が知らないうちに決まっていたことでもありました。

そもそも野の草や野菜の間引き菜を皿にのせるわけですから、そんな格式張った召し上がり方はそぐいません。

形式や作法は忘れて、心を自由に遊ばせて味わっていただいてこその草料理です。

草書の自由奔放な筆の動きを味わうように楽しむのが、作法と言えば作法です。

まあ、達筆な草書やと、なにが書いてあるのかようわからんということもありますが。

「ええ字やなあ。せやけど、うーん……。これなんて書いてあるの？」

それでも雰囲気が伝われば充分やと思います。

型にとらわれずに、想像力の翼を広げて楽しむ。

それが、私の草喰の料理でもあります。

……などと書くと、そうか中東の料理はなんやわけのわからん料理なのかと言われてしまいそうですが、そうならないための「仕掛け」があります。

「夢は枯野をかけ廻《めぐ》る」

俳聖芭蕉《ばしょう》の辞世の句ではありませんが、私が一皿の上、一椀の中に盛り込むのはその季節の自然の姿です。

いやその姿だけでなく、その朝私が大原にいたときに吹いていた風の音、掘り返した土の匂い、あるいは木漏《こも》れ日の暖かさ、できることならばそういうものまで含めて表現したい。私が皆さんになんとかお伝えしたいのは、気障《きざ》な言い方をするなら、自然によりそって生きる喜びです。

私が毎朝大原に通っているのは、そのためといってもいい。

たとえば1月初旬のまだ硬い土の中で眠る土筆の穂先を掘り出して味わうと、お濃茶に勝るとも劣らない甘苦い味がします。本格的な寒さはまだこれからだというのに、土の中では春が始まっているのです。

夏のうだるような暑さで畑の葉物がみんな姿を消してしまう時期でも、地下のイモに栄養を送るためにサツマイモの葉は水を蓄えています。この葉をさっと湯がいて食べると、ぬるっとしたぬめりと青臭い香りがします。夏の盛りの味です。

自然は刻一刻と姿を変えながら移ろい、それぞれの季節にはその刹那《せつな》にしか味わえない妙味があります。

それは、いわゆる「おいしさ」とはまた別のものです。一番出汁を口に含んで感じるような、「正統派」のおいしさではありません。必ずしも変わった香りがしたり、なにか強烈な味がしたりするとは限りません。

むしろ微かな苦味や酸味であったり、ほのかな香りや、あるいはちょっとしたぬめりだったり食感だったりします。自然の滋味といいますが、どちらかといえばそれは地味で、それこそしみじみとした味わいであることの方が多いかもしれません。

ボウルに何種類もの新鮮な野菜を山盛りにしてフレンチドレッシングを混ぜ、フォークを握って片っ端から食べるのもそれはそれでおいしいでしょうが、そう食べてしまっては台無しになるタイプの香りであり味です。

早春の野原は遠目には枯れ果てているように見えますが、近づいて目をこらせばそこここに小さな春の芽生えがあります。これはスイバやとか、ここにはイタドリがあるとか、見つけては、少しだけ新芽を千切って口に含む。

夏の鮎が水中の岩についた苔《こけ》を小さくこそげるように食べることを喰むといいますが、まさにそういう食べ方をしてこそ、喰んでこそ、はじめて「この酸味は、やっぱりスイバや」とか「このぬめりはイタドリやな」とかわかる自然の滋味です。

間引き菜のおいしさを知る

山菜だけでなく、野菜にも季節の瞬間の味というものはあります。

はしり、旬、なごり、という言葉はご存じかと思います。

はしりは走りで、収穫期のいちばん最初、他に先駆けて収穫された野菜や果物です。はしりのいちごとか、はしりの筍とか、ようやくその季節が巡ってきたなということで、珍重されます。値段は高いですが、まだ味や香りは淡い。

旬は作物の盛りです。味と香りは、この時期のものが最高です。その野菜なり果物なりの持ち味が、いちばん発揮される時期です。

なごりは、名残。季節の終わり、もうそろそろ時期も終わり、来年まで食べられなくなるので、名残を惜しんで食べる味です。味も香りも、基本的には旬と比べれば落ちます。野菜やったら硬くなるし、まあイメージかもしれませんが枯れた味わいです。けれどその枯れた味わいを好むお客さんも少なくありません。侘《わ》び寂《さ》びを好む、日本的な味わいと言ってもいいかもしれません。なごりの鱧と旬の松茸のお椀とか、落ち鮎の飴煮《あめに》とか、なごりを楽しむ料理には事欠きません。

ここまでは、日本料理を食べている方なら、とっくに知っていることでしょう。

「はしり、旬、なごり」を使いこなし、季節感を繊細に表現するのは、日本の料理の優れた特長だと思います。もちろん外国にだって、そういう料理はあるでしょう。イタリアのトスカーナには、秋の終わりの、搾ったばかりのオリーブオイルの新鮮な香りを楽しむ料理がいくつもあると聞いたことがあります。

それはともかく、ここで私が野菜の季節の瞬間の味といったのには、もう少し別の意味があります。今の人はあまり食べる習慣のない野菜の話です。

たとえばそれは、野菜の花です。野菜の花が食べられるということ、それぞれの花はそれぞれの野菜の香りと味がすることは、すでにこの本の中でもお話ししました。

偉そうに書いてますが、私だって最初から知っていたわけじゃなくて、野菜から教わりました。ある春の朝、大原の畑を歩いていたら、蕪の花が咲いていました。

姿は菜の花にそっくりです。蕪も菜の花と同じアブラナ科ですから、似ているのはあたりまえなのですが。思わず摘んで、口に放り込んでみました。微かに蕪の風味のする、懐かしい味でした。そういえば、母がおひたしにしたことがありました。

その昔、といってもそんなに遠い昔ではないのですが、農家が来年に播く野菜の種を自分たちで採るのがあたりまえだった時代は、野菜の花をよう食べたものです。昔は、蕪の花も、白菜の花も、壬生菜《みぶな》の花も、菜っ葉の花は、みんな菜の花でした。

今のようなスーパーにいろんな食材が並ぶのがあたりまえの時代に比べれば、昔の家庭料理はかなり単調でした。大根の季節には大根が、茄子《なす》の季節には茄子が、毎日のように食卓に上がります。野菜の花を食べるのは、その単調な食卓に僅かでも変化をつける工夫でもあったのでしょう。

一代限りのF1の種を購入するのが普通になった昨今は、種取りをする農家も少なくなって、花を食べる習慣も忘れられました。まだ朝市で野菜の花が売られる以前のことですから、薹立ちした蕪の花は誰にも見向きもされずに風に吹かれていました。

白菜、水菜、壬生菜も、蕪も、みんなアブラナ科、菜の花です。カリフラワーも、キャベツも。ですから、花も食べられる。花だけやなくて、種も食べられれば、根もみんな食べられます。食べやすいかどうかの違いはありますが。

間引き菜も同じです。野菜を育てるには、種を多めに播いて競争させ、若葉が芽吹いたら元気のいい若葉を残して他を間引いてしまいます。この間引きを何回か繰り返して、野菜を大きく育てるわけですが、間引いた方も食べられるわけです。

間引き菜とかつまみ菜なんていって、これは今もときどき八百屋さんで見かけることがありますが、やはり最近は知る人ぞ知るであまり食べなくなりました。大根なんかだと、中抜き大根と言って、間引いたまだ小さい大根をわざわざ使った料理もあるわけですが、これも昨今はあまりメジャーではなくなりました。

農家の方でさえ、あまり食べない。多少は食べるのでしょうけれど、間引き菜はたくさん出ますから食べ切れずに、畑の間にほかしてあったりするのを見ると、なんだかかわいそうな気がします。

私にとっては、それこそ食材の宝庫です。

そういう普通は食べない野菜は、畑の四季を伝えるまたとない食材ですから。

葱の季節はもう終わったけど、今頃畑では葱が花盛りなんやなとか、もう畑では大根が芽を出したんかとか、想像しながら食べるとおいしさもひとしおです。

カイワレは今や野菜売場に一年中並ぶ定番野菜ですが、あれは大根の双葉です。野菜売場にあるパック詰めされたものはいわゆるスプラウトで、専門の生産施設で水耕栽培されています。

本来の大根のカイワレは、畑に播いた大根の種から土を押しのけて芽生えます。カイワレは貝割れで、二枚貝が開いた姿に似ているからそう呼ぶのでしょうけれど、土を押しのけるためにこの双葉は小さいながら肉厚で、ぷちっと嚙むと強い辛味と大根の香りが口の中に広がります。

旬の大根はもちろんおいしいですが、そういうカイワレや中抜きの方に、私はむしろ季節の移ろいを感じます。

そういうわけで農家の方には、「その薹の立った白菜まだ倒さんといて」とか、「その中抜き取っといてな」とか、無理なお願いをして貴重な食材を手に入れる日々なのです。

ちなみに、白菜の花をお客さんにお出しするときの口上があります。

「白菜《はくさい》が枯れて百歳《ひゃくさい》になって朽ちたかなと思ったら、中から繊細（千歳《せんさい》）な花を咲かせ、それを採って食べたらおいしくて万歳《ばんざい》する」

山菜や野菜の花や間引き菜を私が使うのは、日本画で言うならそれが私にとっての顔料になるからです。それも季節の微妙な色を出してくれる、またとない貴重な絵の具です。蕗の薹やヨモギのような強い味がするものはむしろ少数派ですから、それをただ皿の上にのせただけではお客さんに気づかれない恐れもあります。

そやから私はそれぞれの皿やお椀をお出しするときに、そこに一言添えることにしています。いいえ、たいしたことをいうわけやありません。

たとえば皿の上にのっている野菜や野草がどういうものなのか、それを今朝どこでどんな風にして採ってきたのか。そのとき、どんな風が吹いていたとか、畑はどんな風に見えたとか、山藤が咲き始めたとか、川で魚が跳ねるのを見たとか……。

言葉を添えて、大原の景色を想像したり、貝割れがかぶった土を押して出てくるところを想像したりすることによって、味や香りは何倍にも膨らみます。ただなんとなく食べるんじゃなくて、納得して食べることによって、この味が五臓六腑《ごぞうろっぷ》に染み渡る。

ほんまはご一緒に野山に出かけ、畑を歩いたりして、自分の手で摘んで食べれば、その味も香りもようわかるんですが。それができない分を、私が言葉で補う。
言うなれば、それが私の「仕掛け」です。

人は食べることによって、自然を感じる生き物なんやと私は思っています。食べるということは、すなわち生きるということです。何万年も昔から、それこそ縄文の昔から我々はそうやって自然とともに生きてきました。

生き物を生かすのは自然の働きです。自然界の中で生き物はもちつもたれつ、もうちょっとはっきり言えば、食べたり食べられたりしながら生きています。

太陽の光と水、それから土の養分を、生き物が利用できる（つまり食べられるということですが）ように変えるのは、植物だけに与えられた能力です。

人間がどんなに偉そうに万物の霊長やといっても、それだけは真似《まね》できない。畑の土に足をつっこんで、顔を太陽に向けて、何日、何十日立っていようと、人間はデンプンの1グラムだって作り出すことはできません。

それは他の動物もそうで、植物が地上から消えてしまったら、動物はどんなに頑張っても生きのびられない。植物を食べて動物は生き、その動物を食べてまた他の動物が生きている。それが自然の営みです。

人間もこの自然の恩恵で生きているわけで、そういう意味ではいつだって自然のただ中にいるんですが、だいたいの時間はそんなことすっかり忘れて、中には「このおいしいご飯が食べられるのは誰のおかげやと思うてんねん」なんて、威張って生きているお父さんもいることでしょう。「稲のおかげやろ」なんて答えたら、しばかれるでしょうが。

お父さんがなんと言おうとそうなのですが、たいていの人間は自分が自然に生かされていることなんて忘れて生きています。

ただ例外があって、それは季節を感じたときだろうと思います。

季節を感じたとき、人は自分が自然の中で生きていると実感します。自然の移り変わりを感じるときは特にそうです。どんなに頑張っても、これぱっかりは自分の力ではどうにもなりませんから。季節の変化を感じたとき、人は自然の力を強く意識します。

春の桜、秋の紅葉に、こんなにも人が惹《ひ》かれるのだって、自分が自然の中で生きていることを実感するからでしょう。

そして、その季節をいちばん強く感じるのは、やはり食べることを通してやと私は思うのです。食べることは、命に直結していますから。

昔の人にとって、季節の移り変わりは、今よりももっと切実だったはずです。

野や山の生き物は、植物であれ動物であれ、季節によってその姿形を変えます。春先なら食べられる木の葉も、夏になれば硬くて食べられなくなる。小動物や魚も、季節によって大きさを変え、居場所を変えます。獣の肉の味だって変わる。

木の実が熟す時期、茸が生える時期はいうにおよばず、およそ自然界に生きるものすべてが季節の移ろいとともにその居場所も、姿も変化させていきます。

季節の変化を鋭敏に察知する感覚と、それからそういう自然に関する経験と知識がなければ、昔の人は生きのびられなかったに違いありません。今の人なら、お腹が空いたらお金を持ってコンビニに行けばなんとかなりますが、昔はそうはいかなかった。

いってみれば、季節がすべての鍵だった。比喩としての鍵ではなくて、自然界から食べ物を引き出すための文字通りの「鍵」です。現代の人にとってのお財布とか、キャッシュカードみたいなものでしょうか。

そしてその季節という鍵の大半は、食べ物の記憶に直結していたわけです。もっといえば、食べ物の味や香りの記憶に。そういう時代は、よく考えてみればつい最近まで、少なくとも私の子どもの頃までずっと続いていたのです。

今は忘れられてしまった生き方かもしれません。

けれど、その記憶は心の奥底に、もしかしたらＤＮＡとかいうものにまで、刻みつけられているんやないかと思っています。

その証拠に、そういうもんを味わったお客さんは、皆さんなにやら懐かしい味がすると言います。今まで食べたこともないのに、はじめて食べるはずなのに、はっと胸を突かれるような、人によったら目尻に涙さえ浮かぶような、なんとも言えん味がする。

全身に染み渡って、手足の先にまで染み渡っていくような感じがします。ああ、春やなあ。夏が来たなあ。秋も深まったなあ。冬の味や……。

しみじみと心の奥からそういう声が聞こえてきます。

それは気のせいばかりやないと思っています。

それは我々が自然とともに生きてきた、気の遠くなるような長い年月に蓄積された生き物としての記憶がそうさせるんやないやろか、と。

ただし、そうは言っても、現代の便利な生活に慣れてしまって、やはりその感覚が少々錆《さ》びついていたり、記憶がおぼろげになっていたりすることもある。

まあ、そこを言葉で補おうというわけです。

その山菜なりを私が採ったときの周囲の自然の姿をお伝えするだけでも、遠い昔の記憶が甦り、感覚も鋭敏になるんやないかなあと思うのです。

私が大原に通うのは食材を採るだけでなく、今朝そこで出会った自然の姿をまるごと仕入れて、お客さんにお届けするためでもあります。そういうわけで、うちの店には若い料理人もたくさんいますが、この大原通いだけは他の誰にも任せられません。

明日の朝も真っ赤なX-90に乗って、独り大原へ出かけるつもりです。

自然の姿をお話しするだけでなく、近頃は時にそこに冗談や駄洒落を混ぜ込むことも増えました。

「近頃やなくて、昔からやないか。時にやなくて、いっつもや」というつっこみもあろうとは思いますが、それも言うなれば私の料理の大切な一部。

なにしろ真ではなく、草の料理ですから。

肩の力を抜いて、なごやかな気持ちで、自由に心を野山に遊ばせていただくために、あえて笑い話もさせていただいてます。真面目くさって説明しても、自分の気恥ずかしさもありますし、面白い話の方が頭に残るんやないやろかと思います。能と狂言の違いといえなくもない。

駄洒落がいつも同じでつまらんというお客さんは、馬耳東風とお聞き流しください。季節が訪れるごとにいつもいつも同じ音色で鳴く、秋の虫の音のようなもんやと思えば、風流と感じていただけるかもわかりません……。

それは、まあ冗談として、自然とよりそって生きるという生き方を思い出すことは、これからますます大切になるような気がしてなりません。

ということで、ここからは少し、それぞれの季節の食材についてお話しすることにしましょう。

森の木々が葉を落とすとき、春はもう始まっている

春の食材から始めましょう。

その春はいつから始まるか。

桜の咲く4月でしょうか、それとも3月？　やはり2月でしょうか。暦の上では節分を過ぎたら立春ということになってます。

いろいろ考え方はあるかと思いますが、植物たちは前の年の秋が深まる頃にはもう春の

準備を始めています。

秋、10月から11月になると紅葉が始まります。簡単にいうと、紅葉とは木々の冬支度です。日照時間が減ると、光合成の効率が悪くなる。秋冬は光合成をお休みして、休眠状態に入るのが落葉樹の戦略です。葉はいらないから、葉を枯らして、葉からの水分の蒸発を防ぐのです。そのため木はこの時期になると水をあまり吸い上げなくなる。葉は水分の供給を断たれ、葉緑素が壊れてアントシアニンという色素ができる。それで葉が赤くなるわけです。

水の吸い上げが止まる10月から11月が、木の冬芽が形成される時期じゃないかなと思います。年輪を見ると、間隔の広い夏芽と間隔が詰まった冬芽がありますよね。あの冬芽は、水を吸わないから詰まってるんじゃないかと。まあ、これは私の仮説ですが。

と言うのも、葉が落ちると木はすぐに水の吸い上げを再開します。水が流れないと、細胞が凍って死んでしまうからです。

それと同時に落ちた葉の付け根に来春のための芽をつけるんです。

紅葉した葉が落ちる頃、春の準備はもう始まっているというわけです。

さて、ここまでは前置き。

食材の話でした。

落葉樹が葉を落とすとすぐに来春の準備を始めるのと同様に、この時期には土の中でも春の準備が始まっています。

そのことに気づいたのは、もう何年前のことでしょうか。

ある年の11月に、琵琶湖畔《びわこはん》を訪ねたことがありました。ふと足下を見ると、土筆が頭を出してました。もうこんな時期から土筆が出てる。今年は特別なんやろかと、それから毎年気をつけて見るようになりました。

ところが特別でもなんでもなくて、毎年のことなんです。それどころか10月くらいからもう土筆が出てる。ただし、まだ茎は出来ていません。土筆の先端、胞子がつくあの穂先の部分だけが、なかば土に埋もれて春を待っているんです。霜柱が立っても、周りの草がみんな赤く枯れてしまっても、じっと寒さに耐えています。

そっと掘り出して、皮を剝いて齧ってみました。

春たけなわの、土筆の盛りの時期にはまだ少し早いんですが、私はこの穂先だけの土筆をお正月の料理に使います。毎年、1月8日から店を開けますので、新年最初の仕事始めを1月5日と決めているのですが、私にとってはこの日がその年の山菜の採り始めで、土筆の穂先も掘ります。

と言ってもそんなにたくさんは使いません。お客さん一人に二粒か三粒。その年最初の初筍に添えたり、土手に見立てたおいなりさんの上にのせたり。

苦いんですがその奥に甘味があります。この土筆の穂先を一粒囓っただけで、お濃茶を一服したような喜びがあります。

本格的な春にはまだ間がありますが、私にとってはこれぞ新春の味いうことで使わせてもらってます。

「地上はまだ寒い寒い冬ですが、土の中はもう春でっせ」

そんなお話をすると、北風の吹く寒い日でも、不思議なもので心がちょっとだけ明るくなる気がします。土筆が春を待つ気持ちが伝染するんでしょうか。

穂先の土筆が味わえるのは、例年3月初めくらいまで。

この時期を過ぎますと、茎が伸び始め、土筆の本格的なシーズンになります。

1月5日の山菜の採り始めには、蕗の薹も採ります。

蕗も土筆と同じで、まだ顔を出していません。

去年の枯れかけた蕗の株の真ん中に、ひっそりと芽吹いて春を待っています。赤紫色の皮に包まれた、その小さなつぼみを摘みます。

この時期の蕗の薹は、その力強さが魅力です。これから外界に出ようと身構えているわけですから、精気の漲《みなぎ》った鮮烈な香りがします。苦味も強い。

これはあまり手を加えず、湯がいた程度で食べた方がその持ち味が生かせます。

これが3月4月の春一番の吹く頃になると、黄色い花を咲かせます。香りはふわーっと柔らかくなって、苦味もいくらか和らぎます。この時期の蕗は天ぷらにしたり、蕗味噌にしたり。熱湯で湯がいて水に取り、水気を絞って白和えにしたりします。これは椎茸を土に、蒟蒻《こんにゃく》は氷に、そして豆腐を雪に見立て、そこから芽吹く蕗の薹という趣向です。蕗の苦味と香りと豆腐の甘味が絶妙の春のハーモニーを奏でてくれます。

萱草の芽も掘ります。カンゾウと読みますが、漢方で使う甘草とはまた別の植物。橙《だいだい》色の百合に似た花を咲かせる野草で、ワスレグサという名もあります。この萱草も土の中から掘り出します。新芽をつけていますから、それを薄切りにしたりして使います。

1月2月は寒さの盛り、温度計を見ている限りは、まだ春にはほど遠いですけれど、今も申し上げたように、土の中では春の準備が始まってます。

本格的な山菜採りはまだ先ですが、その先駆けを使わせていただいてます。野菜は、堀川牛蒡《ごぼう》に聖護院《しょうごいん》蕪、長大根に金時人参、白葱などなど、冬の野菜の旬の時期です。その冬から春先に向かって、葱がおいしくなります。根まで食べられます。水をたくさん吸うために、根を張りますから。畑から葱を引くと、土と一緒に見事な根が抜けてくる。この根を揚げると旨いんです。

鴨《かも》や猪《いのしし》などの、日本のジビエがおいしい時期でもあります。

それから忘れていけないのは鯉。鯉は通年お出ししますが、寒の時期の鯉は特においしくなります。京都でお正月料理と言えばにらみ鯛がつきものですが、うちは鯛ではなく鯉を使います。その鯉の切り身にたれをつけながら炭火で焼き上げて、鯉の登竜門焼きと称します。鯉は滝を登って龍《りゅう》になると言います。その伝説にあやかって、おめでたいお正月料理の花形になってもらいます。

冬の食材と早春の食材の共演がこの季節の料理の魅力です。地上が雪に覆《おお》われていても、地下では来春の準備が着々と進んでいる。朝の来ない夜はない、春の来ない冬もない、寒さ厳しい季節にも土の中に来年の夢や希望が息づいているというわけです。

これが3月4月になって、春一番が吹き、谷川の水が流れ始めると、沈黙していた野山のあちこちで、淡い緑の葉がいっせいに芽吹きます。

本格的な山菜の季節の始まりです。

昔の人も春になると、野山で山菜を採り若菜を摘みました。その喜びは万葉の歌にも詠まれている通りです。

イタドリに山蕗、こごみ、コシアブラ、野蒜《のびる》、木の芽、田芹に水芹。春の七草の芹には、川などの水辺に生える水芹と、田んぼに生える田芹があります。香りは田芹の方が強いですが、水芹は長く伸びるのでいろいろな料理に使えます。

それから、タラの芽、独活《うど》の芽、浅葱に片栗、すいとう……。

すいとうは私たちの土地の呼び名で、他の地域ではスカンポとかスイバ、フランス料理ではオゼイユといいます。葉にシュウ酸を含んでいるので酸味があります。子どもの頃は道端ですいとうを見つけるとおやつ代わりにしたものです。芽を摘んで食べると酸っぱい味が口の中に広がって、なんや爽やかな気持ちになりました。今の子ならガムを嚙むようなもんでしょうか。

タンポポや露草《つゆくさ》もおいしくいただける時期です。

タンポポは賢いですよ。冬はあのギザギザの葉をすべてべたーっと地面につけて寝ています。少しでも温かい土にひっついてる。それが春になって気温が上がってくると、真ん中の花をつける茎を真っ直ぐ立たせます。そして花が開くときには、地面に寝ていた葉も立ち上がってくる。そして夜になると、今度はその葉が花を守るようにその真ん中の茎を包み込みます。春の夜はまだ冷えますから。

そして種を飛ばすときには、またぱーっと葉を広げる。あの綿毛のついた種が風に吹かれて遠くまで飛んでいくのを妨げないように。植物は動かないと思っている方が多いかもしれませんが、植物もちゃんと動いているんです。

その春先のタンポポの柔らかい葉を摘んで、湯がいて生醤油《きじょうゆ》をかけるだけでもおいしく食べられます。湯がいた葉を一番出汁に醤油と少量の砂糖、和辛子を加えたつけ地でおひたしにして、タンポポの花弁をむしって散らせば、立派な一品料理になります。

湯がかなくても生でも食べられることを知ったのは、若い頃はじめてパリに行ったときでした。サラダの中にタンポポの葉が入っていました。フランスの人もタンポポを食べるんやなあと感心して、翌日セーヌ川の河畔を散歩したときに、日本のよりひとまわり大きなタンポポを見つけて食べたことを思い出します。

前にも書きましたが、山菜の多くは植物の若芽です。夏には硬くなって食べられなくなる葉も、この時期ならおいしく食べられます。春は野山に人が食べるのに適した植物があふれるというわけです。冬の寒さを耐え抜いて、春に芽生えた植物の命をいただくのが山菜摘みということもできそうです。

春は川から、秋は山からといいます。その言葉通り、春の訪れはまず川岸から始まります。芹や蕗の薹が芽吹き出して、そうこうしているうちに里では梅が咲き、やがて桜が咲く。それがどんどんどんどん上にのぼっていって、4月中旬くらいになると比叡山《ひえいざん》の上の方までずーっと上がっていきます。秋はその反対に、山の上から紅葉が始まって、だんだん里の方へと降りてくるわけです。

桜前線やないけど、私らはその春の前線を追いかけるように山菜摘みをします。やはり最初の芽吹きの、柔らかい芽がおいしいですから。同じ山菜でも、時期が変われば味や香りは微妙に変わっていきます。山菜にも、はしり、旬、なごりというものがあって、それぞれの時期ならではの楽しみがあります。

たとえば土筆は穂が開いて、胞子を放出してしまうと、あの甘味は消えてしまいます。そうすると土筆の季節は終わりです。時期の終わり頃は、なごりの土筆いうことで、干した土筆を炊き合わせに使ったりもします。新春の甘苦い土筆を若者の味とすれば、これは滋味深い枯れた味わいです。

筍も、はしりのものはえぐみがまったくありません。うちの店では、毎年最初の筍は、鹿児島の筍名人、竹取の翁と私が名づけたんですが、この方から送ってもらっています。その方が秋に土入れをして、棒を刺して印をしとくんですね。これを目印に、地面の中から掘り出したものを送ってもらいます。

この筍は、湯がく必要がありません。皮をつけたままアルミホイルに包んで、炭の中に入れて20分ほど焼くと、もう出汁もなにもいらない。新春の1月から、3月になって竹の根が動き始める前くらいまでがこのはしりの筍の時期です。

旬の時期の筍の定番に若竹煮があります。筍とワカメの相性はとても良いものです。私はこれを土瓶蒸しでやります。

生の筍を一煮立ちさしたところに生のワカメを入れます。ワカメは炊いてしまうと渋みが出てきますから。この生のワカメは2日に1回、福井の小浜から送ってもらっています。筍とその生ワカメを合わせたところに花山椒《はなざんしょう》を落とします。

山椒には雄株《おかぶ》と雌株《めかぶ》がありまして、花山椒というのはこの雄株に咲く雄花です。山椒が実をつける前、4月くらいが時期です。この花山椒と筍とワカメの三位一体の香りを召し上がっていただくのが筍の土瓶蒸し。

そこにうちの店ではよくコノコをつけます。コノコは海鼠子。海鼠《なまこ》の卵巣を干したものですが、これを筍とワカメの合間にくっと囓ると、その濃厚な味が口中に広がって味わいを膨らませるという趣向です。

5月になると花山椒は終わり、青山椒の季節です。花山椒の香りは淡く辛味は柔らかいのですが、青山椒は山椒らしい痺《しび》れるような辛さが特徴です。鯉のお造りも4月までは池の周りの若草をそえていますが、6月になるとこの青山椒のピリ辛で召し上がっていただくようになります。春の苦味に対し、夏が近づくと自然界の味には辛味が加わります。菜種や山菜もなごりの時期となります。

夏は鮎、岩梨、アカザに、サツマイモの葉

6月――。初夏の訪れを京都の人に告げるのは鮎です。

稚鮎が冬からずっと成長してきて、はい、もう獲ってもいいですよと。川開きがあって鮎の友釣りが始まります。

釣りたての鮎は、瓜を思わせる青臭い特別な香りがします。鮎は成魚になると清流の水

底の岩についた苔しか食べませんから、あの香りがつくのかもしれません。香魚という別名があるくらいです。

鮎の値打ちはやはり、腹の苦味にあります。この苦味は春の山菜の苦味とはまた違うわけです。春の淡い苦味ではない、鮮烈な苦味。塩焼きにして丸ごとかぶりつくと、苦玉が潰れて苦味が広がります。その苦味と、身の淡い甘さ、香りが一緒になったなんともいえない味わいは鮎独特のもの。

鮎の塩焼きには蓼酢《たです》がつきものですが、実をいうと、鮎に蓼酢をつけて食べるのはあまり好きではありません。せっかくの鮎の脂の旨味や芳ばしさが、酢に消されてしまう気がするからです。なので私は鮎を食べ終えてから、蓼酢をちょっと口に含みます。鮎の脂が蓼の苦味と酢の爽やかさにすっと流されてさっぱりとします。まあ、これはあくまでも私の個人的な好みですけれど。

小鮎の白煮もおいしいものです。

これは鮎漁が解禁になる前の時期に、琵琶湖から生けの小鮎を運んできて葉山椒と一緒に炊いただけの料理です。夏の鮎を憧れる気持ちの籠った、素朴ないい料理やと思います。

その昔、母がよう作っていた懐かしい料理でもあります。

初夏は岩梨の季節でもあります。山の岩場に生えるツツジ科の植物なのですが、これが4月くらいに薄紅色の可憐《かれん》な花を咲かせまして、6月になると実をつけます。直径5ミリほどの小さな丸い実ですが、甘くなるとパンッと弾けます。小さな種をびっしりとつけた岩梨の実は、その色もしゃりしゃりとした食感も梨に似ています。岩になる梨ということで、岩梨の名がついたのでしょう。鮮烈で爽やかな、まさに初夏の味です。

もうひとつ、この季節ならではの料理に、淡竹《はちく》と蕗と生節の炊き合わせがあります。生節はいうなれば生の鰹節。節に割って煮た鰹を、何度も燻《いぶ》して乾燥させると鰹節になるわけですが、その燻す工程の前の鰹です。関東では初鰹ですが、関西ではこの生節をよく食べます。これが6月に鰹節の産地から入ってくる。最近は気候の関係か、5月に来ることも多いのですが。

筍は早春からこの季節くらいまで旬が続きます。「孟宗竹《もうそうちく》もう出た、淡竹早《はよ》出た、真竹《まだけ》まだ出ん」といいまして、竹の種類によって筍の出る時期が違います。淡竹の筍は生節の出てくる時期にちょうど旬になる。

山蕗はもっと時期が長くて、春の初めから8月まで続きます。蕗は根さえ引かないようにすれば、採ったそばからすぐ伸びてきますから。これを時期によって、一番蕗から、二番蕗、三番蕗と呼んでいます。

一番蕗は蕗の薹の季節のすぐ後、最初の蕗ですから細くて柔らかい。軸はあっさりした釘煮に、葉は湯がいて雑魚《ざこ》と炊いておいしくいただきます。

二番蕗の採り始めが5月くらいで、夏の祇園祭《ぎおんまつり》の前くらいまで使います。祇園祭の間、蕗は食べません。神様が宿ってるからとか、疫病になるとかいっていますが、ほんまは蕗を休ませるのが目的やと思います。その間に三番目の蕗が伸びてきて、祇園祭が終わるとまた蕗を食べ出すというわけです。この三番蕗は太くて筋も硬くなりますが、その分だけ香りも強い。皮と筋を取って、油揚げや湯葉と炊き合わせにして、その香りを楽しみます。

この三番蕗を食べると、その年の蕗は終わりです。

生節の出てくる6月に、淡竹の筍とこの二番蕗を炊き合わせにします。二番蕗は一番蕗に比べると太くて肉厚ですから、皮を剥いて笹がきにします。実山椒を一緒にすることもありますが、これが昔から伝わる淡竹と蕗と生節の炊き合わせ。京都の初夏の料理です。郷土料理といってもいいかもしれません。

この時期を過ぎると、夏野菜が盛りです。

前にも書きましたように、春の山菜と秋の山の幸の隙間を埋めるために作ったのが夏野菜やと思うのですが、それだけに種類はたくさんあります。

思いつくままに並べてみましょうか。

胡瓜、茄子、唐辛子、桂瓜、糸瓜、まくわ瓜、紫蘇、枝豆、えんどう豆、三度豆、ズッキーニ、トマト、オクラ、新ジャガ、夏大根、南瓜《カボチャ》、じゅんさい、アカザ、独活の花、新牛蒡、芋茎、茗荷《みょうが》、実山椒……。それこそ枚挙にいとまがありません。

簡単に、胡瓜とか、茄子とか、唐辛子と書きましたけれど、同じ胡瓜でも、あさかぜ胡瓜、四葉《すうよう》胡瓜、黒いぼ胡瓜など、品種がいくつもあります。茄子なら賀茂茄子、田中茄子、山科茄子、水茄子、千両茄子。唐辛子も、万願寺唐辛子に田中唐辛子、鷹峯《たかがみね》唐辛子、伏見唐辛子に、山科唐辛子という具合です。

京都に独特の野菜もありますが、近頃は京野菜が全国的に有名ですから、他の地域の方も八百屋さんで見かけることがあると思います。

あまり馴染みのない夏の野菜と言えば、サツマイモの葉でしょうか。

夏の暑い盛りには畑に青もんがほとんどありません。その最中に畑に行ったら、サツマイモの葉っぱが青々としていました。そこにいたおばあちゃんに、このサツマイモの葉っぱ、食べられたらええのになあと言うたら一言。

「なに言ってんねや。戦争中はみんな食べたんや」

ああ、そうかあ。いっぺん食べてみよか。

このサツマイモの葉っぱがすごくおいしいんです、ちょっとぬめりがあって、ハウスで作られた水菜なんかよりよっぽど旨い。硬い茎も皮を剝いて油で炒めたり、ぬか漬けにしたりするとなかなかの味で、どうして昨今は食べなくなったのか不思議なくらいです。

アカザもこの時期の貴重な葉物です。といっても、ご存じない方の方が多いと思います。それどころか農業をされている方には、厄介な畑の雑草です。夏の初めにこのアカザを畑で見つけて放っておいたら、夏の盛りになる頃には1メートルを超える「大木」に育ってしまいます。昔は太く育ったアカザの軸を乾燥させて杖にしたくらいです。丈夫で軽いので私の母も晩年には使っていました。

けれど、このアカザの葉はおひたしにするとおいしいのです。同じアカザ科の仲間のほうれん草に似た味がします。夏の盛りの貴重な葉物で、農家の方にお願いして栽培してもらっています。アカザは肥えた畑にしか生えないのです。

このアカザのおひたしが献立に登場するようになると、そろそろ秋の気配が忍び寄ってきます。近頃は温暖化とかで、下手すると10月くらいまで暑さが続いたりしますが、それはさておき。昔は大文字の送り火、お盆を過ぎれば残暑ということになっていました。

そうなると鮎もなごりの鮎となります。秋の落ち鮎にはまだ間がありますけれど、この時期の鮎はお腹を開き、前の年に仕込んで熟成させたとっておきのうるかを塗って一夜干しにします。

うるかは鮎の内臓で作った塩辛です。一夜干しだから、身はふっくらとしています。充分な脂を保ったまま、旨味だけが凝縮します。そこに熟成したうるかのコクとほろ苦さですから、お酒が進まないわけはありません。

お酒を飲まれない方なら、またとないご飯のお供にもなります。

よくできたもので、鮎の一夜干しに限らず、お酒のアテになるものは、いいご飯のおかずになります。その逆もまた真なりで、ご飯に合うものは、必ずいい酒の肴《さかな》になる。

ご飯もお酒も元は米ですから、あたりまえといえばあたりまえなのですが、それにしても米は素晴らしいもんです。

夏の盛りのこの時期、田んぼは青々とした稲に埋め尽くされます。風が吹き渡ると、青い稲がいっせいになびいてまるで海のようです。

日本人の原風景です。

景色だけでなく、日本人の味覚を育てたのも米やないかと私は思います。

鍋でも炊ける、おいしいご飯

秋の話をする前に、少し米の話をしましょう。

うちの店では懇意にしているお米屋さんから、毎朝精米したてのお米を配達してもらっています。山形県の川西地区の高橋さんという方が、無農薬で作っているお米です。

以前はあきたこまちを使っていたんですが、店を始めて8年目くらいの猛暑で高温障害が起きて、米が白っぽくなって、味が落ちたことがありました。

ちょうど山形県のつや姫が市場に出た頃で、お米屋さんに相談したら、つや姫には高温障害が出にくいということで、食べたら確かにおいしかった。そのお米は無農薬でしかも天日干しにしたものでした。

それで、その高橋さんという農家の方にいっぺんお会いしようということで、山形まで例の中川一志郎さん作の土鍋とお米を持って出かけました。

米農家を訪ねるのにお米まで持っていったのは、前年収穫したお米はすでに全部出荷してしまっていて、家族の食べる米もよそから買っているという話だったからです。

土鍋と米と、それから目刺しを持っていって、お米を炊いて高橋さんに食べさせてあげたんです。

「これがうちの米か。おいしいなあ」

高橋さんにそう仰っていただけました。

田んぼを見せてもらったら、用水路から水を入れるのに、砂を蓄積させて水を濾過《ろか》してました。周辺の水田では、農薬を使っているところもありましたから。

それは6月で、田植えする前の時期だったんですが、用水路でボコボコッと藁が発酵《はっこう》している。水の中を覗くと、泥鰌もタニシもいました。

これなら一年通じて、ええお米を送ってくれはるやろと確信しました。

「よろしくお願いします」と頭を下げたら、高橋さんも「こんなおいしいご飯になるんやったら、米作り頑張らな」て、山形の言葉で言ってくださいました。

無農薬のお米と、そうでないお米。

なにが違うんですかと聞かれることがあります。

正直にいえば、それほど大きな味の違いがあるわけではありません。農薬を使って育てる普通のお米だって、もちろんおいしいです。

ただ無農薬のお米は喉の通りが違いますね。明らかに違う。食べ慣れたらわからないと思うんですけど、食べ比べたらわかります。

やっぱりこっちの無農薬の米の方がおいしいなあと思います。それは微妙な違いで、なにが違うと聞かれても答えられないんですが。

もちろん今は農薬の質も使い方も昔に比べればずいぶん進歩したでしょうし、人間の体になにか悪い影響があるということはないんだと思います。

それでも雑草のアワやヒエは枯れていくわけですから。素人考えかもわかりませんけれど、米にだってなんらかの影響は与えているんやないのかなとは思います。

前にも書きましたが、農薬のことを悪く言うつもりはありません。無農薬でお米を作る苦労は、高橋さんとお話ししてもよくわかりました。夏には3回も田の草取りをするそうです。病気が流行ったり虫が発生したりすれば、さらに苦労の種は増えるでしょう。

それぞれの農家さんによって事情も違うわけで、誰もが無農薬のお米を作れるわけではありません。むしろかなりの少数派でしょう。もしも今年から農薬は一切使ってはいけないということになったら、おそらくは大変な米不足になることは間違いありません。

それをわかった上で言うのですが、高橋さんのように無農薬でお米を育てる農家が増えつつあることは、日本人の味覚のためにはいいことやと思っています。昔はそれこそ日本中の水田で農薬を使っていたわけですから。

微妙な差かもしれませんが、それでもその微妙な違いを味わい分けるのがご飯の無味に鍛えられた私たちの味覚なのです。

少しでもおいしいお米を作るために、日々の農作業の苦労が増えることを厭わない農家さんには、ほんとうに頭が下がる思いです。

その苦労に少しでも報いるために、私もおいしいご飯を炊かなくてはなりません。

ご飯を炊くのは、実はそれほど難しくはありません。今は炊飯器で炊く方がほとんどでしょうが、土鍋でなくても普通の鍋でもご飯は炊けます。

ちょっとした要領さえつかめば、誰でもおいしく炊けるのがお米の特長です。パンを焼くとなったらそうはいきません。

お米の話の最後に、私流のご飯の炊き方を紹介しましょう。

まず大切なのが、米に吸水させることです。

これも難しく考える必要はありません。

米をよく洗ったら、笊《ざる》に上げて水を切ってそのまま30分ほど置く。

これだけです。

すぐに炊かないなら保存容器にでも入れて、冷蔵庫に入れておく。

これで充分に吸水していますから、あとは米と同量の水で炊くだけです。水は1割増しとか2割増しといいますが、それは乾燥した米に対しての水の量です。しっかり吸水した米なら、米と水は同量でいい。

鍋も、なんでも大丈夫。薄い鍋でも炊けます。ぴったり蓋ができなくても、圧をかけなくても炊けます。極端なことをいえば、蓋がなくても炊ける。それはまあ、蓋ぐらいはしといた方がいいですが。

基本は15分、15分、15分。

火をつけて沸騰するまで強火で15分、そこで弱火にして15分、火を止めてさらに15分蒸らす。お米は1粒でも、1万粒でも、水が入るのに15分かかります。そこから水がお米の表面からなくなるまでに15分。これで炊き上がりですから、火を止めて15分間蒸らせば芯までふっくらとしたご飯になります。

実際には鍋も違えば、熱源の火力も違うわけですから、ご飯の出来には多少の違いが出ます。そこは何度かご飯を炊きながら、自分好みの炊き上がりになるように、火の加減や加熱時間を微調整する。そうやって何度かお米を炊いていれば、どなたにでもおいしいご飯が炊けるようになります。

コツは毎回同じお鍋を使うこと。鍋を替えれば、最適の火加減も水加減もまた微妙に変わってしまいますから。ひとつの鍋で上手に炊けるようになるまでは、辛抱してその鍋によりそってあげてください。よりそうことが、料理の上達の秘訣です。

自分でご飯を炊くという楽しさも含めて、炊飯器では味わえない、またひと味違ったお米のおいしさに驚かれると思います。

松茸の香りを満喫する「まっとけご飯」の秘法

さて、秋です。

松茸の話から始めましょう。

うちの店では9月くらいからお出しするようになります。

京都の秋といえば松茸ですが、近頃は採れなくなりました。

今の人がびっくりするほど、昔はたくさん採れたという話をよく聞きます。戦時中に丹波に疎開していたお客さんの話ですが、秋になると毎晩松茸ご飯だったそうです。それもご飯よりも、松茸の方が遥かに多い。ご飯はほんのちょろちょろしか入っていなくて。それが毎晩続いて、うんざりしたと言います。

「もう一生松茸は食べんと思ってたけど、そやけどこの松茸ご飯はおいしいなあ」と。

「この松茸ご飯」というのは、うちの松茸ご飯のことです。宣伝が入ってしまいましたけれど、ご飯ちょろちょろの松茸ご飯を食べ飽きた方が、おいしいと言わはる松茸ご飯がどんなものかは少し後でお話しすることにしましょう。

実はうちの店では、土瓶蒸しをしません。

店を始めた頃は、松茸の土瓶蒸し専用の土瓶をわざわざ陶芸家の方に焼いていただいてしてたんですが、あることがきっかけでやめました。

松茸の農家の方からこんな話を聞きました。

「松茸みたいなもんは、昔はなんぼでも採れた。山で地焼きで、穫った松茸をそのまま、洗いもせんと、焚き火をして焼いて食べたもんや。土瓶蒸しいうのも、元々は山仕事をしていて、鍋もなんにもないから、そこにあったお湯を沸かす土瓶を使ったことから始まったんやで。土瓶に松茸を口切りいっぱいに押し込んで、呼び水代わりにほんの少しの酒を入れて火の横に置いとくと、じわーっと汗をかくように松茸から水分が染み出してくる。それを器に受けて飲むのがほんまの土瓶蒸しや。出汁に薄切りの松茸浮かべて、小さな盃でちょびちょび飲む料理屋のは土瓶蒸しとちゃうわ、あんなものは」

水は一滴も入れない。松茸から染み出したエキスを飲むのが、本物の土瓶蒸しやという話を聞いて、土瓶蒸しはやめました。今の時代にそんなもの店で出したら、とんでもない値段になってしまいますから。

松茸がたくさん使えないなら使えないなりに工夫をするのも、あの美山のご老人の話ではないですが、料理人の仕事やと思います。貴重な松茸の香りをいかにして料理に生かし切るかの勝負です。

9月10月のうちの献立に、こういう松茸料理があります。

松茸をまず細かく切っておきます。この松茸は焼きも炊きもしません。

お椀の底になごりの鱧を入れ、細かく刻んだ生の松茸をのせて、その上から熱い出汁を注いでお椀に蓋をします。これをお客さんの前に運んで、蓋を取っていただくと、松茸の香りが立ちのぼります。

松茸を焼かないのはそのためです。お椀に張った出汁の熱だけで、ちゃんと火が通るように細かく刻みます。

松茸は熱が通った瞬間が、いちばん香りが立ちます。その瞬間を、お客さんがお椀の蓋を取った瞬間に合わせるわけです。

もうひとつ、うちの名物の松茸ご飯があります。

普通の松茸ご飯とはちょっと違います。

松茸を刻んでお米にのせ、醬油に味醂《みりん》とお酒を入れて炊くと、ええ匂いがするやないですか。でも、炊き上がった松茸ご飯をお椀によそい、いざ食べようとすると、あんまり松茸の香りしないなあと思うことありませんか。さっき炊いてたときの方が、松茸のええ香りがしたなあ、と少し残念な気分になる。

香り松茸というのに、その香りを無駄にしている。ご飯を炊いている間に、香りを飛ばしてしまっているんですね。そして香りの飛んだ後の松茸ご飯を食べているわけです。

これはもったいない。

あの香りをもっと楽しむにはどうすればいいか。

うちではこんな松茸ご飯をお出ししています。

まず松茸を炭火の上で、さっと五分《ごぶ》くらいに焼きます。松茸の芯がまだ残っていて、ちょっとだけしなっとなるくらいの塩梅《あんばい》です。

お椀によそった炊きたての白いご飯の上に、この火が五分くらい入った松茸を割いて盛ります。その上に軽く炙ったカラスミをのせ、青柚子をおろし金でおろしてちょっと振って、お椀に蓋をして、お客さんの目の前に出します。

で、そのときに、「ちょっとまっとけ」と、お声をかけます。

十数える間、ちょっとまっとけと。それで十数えて、カウントダウンして、はいどうぞって、お客さんに蓋を開けていただくと、ふわーっと松茸の香りが立ちのぼります。

炭火で炙ってる段階では、五分の火通りまでなので、まだ香りが出ないんです。香りが立つ前に松茸を割いて、炊きたてのご飯にのせる。

十数えるのは、その熱で火を通すための時間です。

さっきの松茸の椀物と発想は同じです。ご飯の熱で松茸が蒸されて香りが立つ。蓋を開けた瞬間が、松茸の香りがいちばん高くなる瞬間です。

これならそんなにたくさん使わなくても、松茸の香りを心ゆくまで楽しめます。松茸の香りと、炊きたてのご飯のほの甘い香りがふわーっと立ってるところで、カラスミを囓りながら、松茸とご飯とからめて食べると、さらに松茸の香りが広がります。

これがうちの、松茸ご飯ならぬ、「まっとけご飯」。

下手な駄洒落で相済みませんが、秋になると、これを目当てに店にいらっしゃるお客さんが少なくありません。松茸だらけの松茸ご飯が毎晩続いて閉口したという例のお客さんも、「これならおいしいわ」と太鼓《たいこ》判を押してくださいました。


それにしても、松茸はどうしてこんなにありがたがられるんでしょう。

松茸自体にはそんなに栄養があるわけでもありません。

今や貴重品になって、めったに食べられなくなったということもあるんでしょうが、やはり秘密は香りにあると思います。

いろんな食べ物の中でも、松茸は特に香り高い食べ物です。

この香りというものが、実は食べ物の「味」を決めています。

香りは記憶に残りますけど、味は記憶に残りません。

味のバリエーションは、それほど多くありません。昔から、甘味、辛味、苦味、酸味、塩味の五味といいます。近頃だと、これに旨味も加えて六味でしょうか。

たったこれだけしかないのに、料理はそれぞれ違った味がするのは、そこに香りが加わるからです。味の細かなニュアンスは香りが決めているわけです。

その証拠に、風邪《かぜ》をひいて鼻が利かなくなるとモノの味がしなくなる。

柑橘《かんきつ》も今はいろんな種類がありますが、みんな違う味がするのは、実はそれぞれの香りが違うからです。柚子は柚子の香り、かぼすはかぼすの香り、グレープフルーツはグレープフルーツの香りがするわけです。

その香りを私たちは記憶しているわけです。同じ蜜柑《みかん》でも、甘味や酸味のバランスはそれぞれ違うのに、それでも食べれば蜜柑やとわかります。それも同じ蜜柑の香りがするからです。香りが味を決めている。

そやから、お袋の味いうのも、ほんとうはお袋の香りなんやと思います。

これだけいろんなものが促成栽培やら、ハウス栽培やらのおかげで一年中食べられるようになっても、いまだに松茸のあの香りは秋にしか味わえません。最近は気軽に毎年食べられるようなもんでもなくなりました。

だからこそ、久々に松茸を頬張って、あの香りが鼻を抜けたとき、「ああ、これが秋の香りや」と、体の底から喜びが湧き上がってくる。

そのなにを食べてるのかと言えば、やっぱり季節を食べているわけです。季節感が希薄になった現代だからこそ、そのありがたさが身に染みる。

ああ、また秋が来た。

なんと贅沢なという。

それが松茸のおいしさやと思います。

世界一簡単な栗料理

ほんまに秋はみのりの季節、恵みの季節です。山の奥では、さあ食べてくださいと言わんばかりに茸が生え、野山にはさまざまな木の実草の実がみのっています。田んぼでは、稲が黄金色に輝いています。

収穫祭というのはだいたい秋ですし、11月にはアメリカの感謝祭がありますが、あれも元々は作物の収穫に感謝するという意味合いやと聞きました。

秋の食材を思いつくままにあげてみましょう。

茸類なら、花猪口《はないぐち》茸、黒皮茸、卵茸、香茸、赤山鳥茸、霜降茸、舞茸、しめじ茸、栗茸、なめ茸、網茸……。実をいうと、松茸に限らず、最近京都の山々から茸が減っています。

30〜40年前はけっこう採れていたのですが、近頃はさっぱりです。山にはそれこそ毎日入ってますが、秋になってもあまり茸を見かけません。

うちで使う茸は、毎年山梨の八ヶ岳の麓から送ってもらっています。私が茸仙人と渾名をつけた、茸採りの名人がいるのです。

茸のことを教わろうと、少し前に、この茸仙人のところに通ったことがありました。5年ほど通っていろいろ勉強させてもらいましたが、わかったのはやはり茸は確実なものでないと駄目ということでした。お店でお出しすることまで考えると、これだけは素人判断は危険です。絶対にこれは大丈夫という種類の茸しか使えません。餅は餅屋ではありませんが、茸のことは茸仙人にお任せするようになりました。

松茸もそうですが、どうして京都の周囲の山々から茸が出なくなったのか。理由はよくわかりませんが、それより気になるのは、そういうことを世の中の人があまり知らないことです。山から茸がなくなっても、ほとんどの人がそれを知らない。

もうちょっと自然によりそった暮らしを取り戻さないと、将来とんでもないことになるんやないかと心配になります。

茸仙人のおかげで、うちのお客さんには、今のところいろんな茸料理を味わっていただくことができていますが、茸料理のない秋なんてことになったら……。

気分を変えて、秋の食材の続きです。

山葡萄、アケビ、またたび、菱《ひし》の実、椎の実、とんぶり、白いちじく、榧の実、鬼胡桃、銀杏、栃の実、ムカゴ、自然薯《じねんじょ》、丹波栗、柴栗……。柴栗は、丹波栗のような栽培種ではない野生の栗です。粒は小さいですが、味に深みがあります。子どもの頃は、山に入ってよく拾ったものでした。

栗がおいしいのはどなたもご存じのことですが、皮を剝くのが一苦労。ひとつふたつならまだしも、料理をするとなったら大仕事です。これは私の発明——発明といったら大袈裟ですが——なんですけど、世界一簡単な栗料理があります。

栗の皮を剝かずに、鬼皮《おにかわ》をつけたまま包丁で十文字に切れ目を入れます。あるいは4つに割ってもいい。これを素揚げして油を切って、塩を振れば完成です。

油の温度は低めの160度くらいで栗を入れて、そこからゆっくり180度くらいまで上げていくとからりと揚がりますが、あまり細かく考えずに、栗を鬼皮ごと割って素揚げすると憶えてください。だいたいで大丈夫です。それより自分の感覚で、これくらいがおいしそうやという揚げ具合になったら油から上げます。食卓にそのまま出して、各自鬼皮を剥きながら食べます。手間いらずの栗料理です。

栃の実には強い苦味があるので、そのままではとても食べられないという話はすでにしました。食べられるようにするには、手間と時間がかかります。

栃の実を最初に拾って口に入れた人が誰なのかわかりませんが、すぐに吐き出したはずです。それを遠い昔のまた誰かが、なんとか食べる方法はないやろかと考えたんやと思います。おそらくはなにかの事情で食べ物がなくなって、栃の実くらいしか見つからなかったことがあったんやと思います。栃の実を拾ってきて置いとくと、虫がたくさんつくんです。虫がこれ食べられるんやったら、なんとかすれば人も食べられるんやないかと考えた人が、遠い昔にいたんじゃないでしょうか。

それでも煮たり焼いたり程度のことではとても食べられません。大量の灰を使ってアク抜きする方法を見つけるまでには、長い歳月がかかったことでしょう。今ではもうそんなことをする人は少なくなりましたが、その手間をかけるのが文化やと思います。

他の動物は、自然が与えてくれたものだけを食べて生きています。山が与えてくれる食べ物が減れば、減った分だけの命が消えます。残酷なようですが、それが自然の摂理《せつり》というもので、生き物たちはそうやって増えたり減ったりを繰り返しながら、自然のサイクルの中で生きてきました。人間だけが、その生き物の宿命を乗り越える術を見つけました。栃餅に限らず、私の生まれ育った山里には、さまざまな食の文化がありました。秋は恵みの季節と言いましたが、たくさん採れたからと言って、放っておいたらすぐに食べられなくなります。塩漬けにしたり、干物にしたり、燻製にしたり、いろんな方法で、秋の恵みを長期間保存する方法を工夫しました。恵みの秋が去って冬が来ても、飢えることのないように。山の豊かな恵みを余すところなく活用する、それが山里の文化でした。山という自然によりそうことで、そういう文化が育ったんやと思います。

葱をおいしく食べるために鶏を飼う

パリに行ったとき、マロニエの実が落ちているのを見かけました。パリはマロニエの街路樹が多いですから。有名なシャンゼリゼの並木道もみんなマロニエの木です。その実が道にたくさん落ちている。マロニエは日本語でセイヨウトチノキと言うくらいで、栃の仲間です。マロニエの実の殻は栃の実とはちょっと形が違って、角みたいなのがいっぱい出ています。でも割ると日本の栃と同じ丸い実がついていました。タンポポを食べるくらいやから、これも食べてるやろと思って、フランスのシェフにどうやって食べるのか聞いてみました。そしたら、こんなもの食べないと言います。フランスではマロニエを食べる文化が発達しなかった。

日本の文化が優れているという話ではなく、文化の違いやと思います。日本ではちょっと前までは、内臓を食べるのは変なやつやと言ってたくらいです。牛肉は明治時代から食べてましたけど、内臓は食べるものではなかった。

フランスでは牛の内臓はご馳走になります。リードヴォーのソテーなんてメニューに書いてあったら高級フランス料理という感じですけど、あれは仔牛《こうし》の胸腺です。脳みそから骨の髄にいたるまで、彼らは余すところなく料理して食べる。

それが彼らの文化です。

農耕文化と牧畜文化の違いやなあと、そのとき考えたことを思い出しました。

島国に生まれた我々は、外国の文化に憧れて、たくさんの外国文化を吸収することに余念がありません。フランス料理だけやなくイタリア料理もスペイン料理も、中華料理や韓国料理はもとよりですが、中東の料理からアフリカ料理にいたるまで、こんなにも世界中の料理が食べられるのは日本だけと聞きます。料理という文化を輸入しているわけで、それは素晴らしいことやと思うのですが、同時にそれなら日本で育まれた食の文化に対してはどうなんやろという思いがあります。

いや、これは私自身の話なんですが、子どもの頃は母と一緒にヨモギを摘んだり、栃餅作りを手伝ったりしながら、それはそれで楽しかったのですが、同時になんとなくそういうことを粗末なことのように思っていました。野山の草を摘んで食べるより、町の店でお金を出して買うことの方がなにやら格好いいように思っていたんです。

今の子どもさんはどうでしょう。

母の料理が後世に伝えていくべき価値のある文化なんやということを考えるようになったのは、ずっと後のこと、極端にいえば自分で店をやるようになってからのことでした。

外国の文化に憧れるのは悪いことではないけれど、そればっかりになってしまって、自分のすぐ足もとにある、自分の親たちが何百年にもわたって育んできた文化を忘れてしまっては、それこそ本末転倒、アイデンティティもなにもあったもんではないと思うのです。

秋の食材の話から、話がそれてしまいました。

フランス料理といえば、アラン・デュカスさんの話を前にしましたけれど、彼と今度一緒に食べようと約束した料理があります。

材料は鶏肉と葱。

うちの店でも料理にいろんなお肉を使います。ここまで読んでくださった読者は、私の店では野菜と草しか出ないと思われているかもしれませんけれど。鶏、鴨、猪、鹿、それから牛肉。けっこういろんなお肉を使います。

ただし、考え方は普通の肉の料理とはちょっと違うかもしれません。

私の料理では、草や野菜をおいしく食べるために、肉を使います。肉はあくまでも脇役で、主役は草であり野菜なのです。

それがデュカスさんと食べようと約束した鶏料理。

うちの店では、11月頃からお出しする料理です。

鍋を熱して鶏肉と内臓を焼き、白醤油で味をつけ、赤葱と蒟蒻を入れて煮る、かしわのすき焼きです。

鶏肉は一年中あるのに、なんで11月なのかといえば、それは赤葱がおいしくなり始める季節だからです。

赤葱は私が葱博士と渾名をつけた（渾名ばっかりつけてますが）大原の坂田さんの畑から、鶏肉も同じ大原の山田さんの鶏舎で平飼いしてもらっています。

その山田さんとのおつきあいももう20年以上になります。

私が店をオープンして間もない頃、春に河原の芹を摘んで歩いていたら、鶏の声が聞こえてきました。河原から上がってみると鶏小屋が並んでいて、そこが山田さんの鶏屋でした。鶏舎を覗くと平飼いで、元気そうな鶏たちがくくくっと鳴いています。ええ鶏やなあと思いまして、この鶏分けてもらえませんかと言ったら、「それはなんぼでも分けてあげるけど、捌きはできまへんで」と。捌きはしないというのは、山田さんの養鶏場は卵専門で、肉用のブロイラーを育てているところではなかったんです。自分で捌きますからということで鶏と卵を買って帰ったのですが、その鶏肉も卵もおいしかった。平飼いの有精卵ですから、おいしいのはあたりまえなんですが。うちの子どもたちが卵かけご飯をするときに、「これ食べてみい」と言って一回食べさせたら、それからはいつものスーパーで買ってくる卵を食べなくなって、「あなた、自分の収入考えて」と、妻には叱られましたが。

卵は昔は貴重品でしたが、今は物価の優等生いうことで、ずいぶん安くなりました。ただそれは、鶏の飼い方によるわけです。どんな飼い方をしているから、私たちが毎日安い卵を食べられるのか。平飼いにしたら、どうしてもコストがかかってしまいます。子どもの味覚は正直ですから、それをおいしいと感じたわけです。そう考えると、卵が安くなったのがいいことなのかどうなのか。それはいっぺん考えてみる必要があると思います。

そんなことで山田さんとのおつきあいが始まりまして、うちの店で使う鶏を飼ってもらうことになりました。11月の葱に合わせるには、どれくらいの鶏齢がいいか。いろいろ試行錯誤をしました。普通のブロイラーはヒヨコから2ヶ月くらいで出荷します。地鶏と呼ばれているものでも5ヶ月くらいです。でも、それくらいではまだ味がのらない。まだおいしくないなあ、おいしくないなあということで、どんどん飼育期間が延びまして、最終的には10ヶ月飼った鶏がいちばんおいしいという結論になりました。

2月にヒヨコを飼いまして、「チキンハウス中東」と名づけた専用の鶏舎で10ヶ月間飼ってもらいます。もちろん平飼いです。ヒヨコは鶏舎の地面を好きに走り回って、日に日に大きく育っていきます。

山田さんによれば、鶏の味はなんといっても、飼い方と餌で決まるということで、うちで使った葉野菜などの残りを持っていって食べさせてもらっています。みんな無農薬の野菜ですから、鶏たちも喜んで食べているようです。

以前に山田さんのところにネパールの人がいて、ネパールの鶏は木の上で夜を過ごすというのです。キツネやなんかに襲われないようにでしょうけれど。そんな鶏やったら元気やろうと、ヒントをもらいまして、鶏舎の中に階段と棚を作りました。ヒヨコのときからその環境ですから、うちの鶏たちもみんな階段上って棚の上で寝るんです。

それで朝になると、そこからぱーっと飛んで降りてくる。そやからうちの鶏はみんな元気ですよ。デュカスさんも、「この鶏はフランスの鶏に似てる」て言わはりました。それで今度一緒に食べようということになったんですが。

そういう風にして10ヶ月育てた鶏を、11月になったら使い始めます。その日に使う分を毎朝絞めて、羽毛はそのまま生で引きます。羽を引きやすくするために、鶏をお湯につけるのが一般的ですが、そうすると肉の味が落ちるからです。朝のうちにここまでして、肉を硬直させ、午後の3時くらいから鶏を開いて、肉を取りすき焼きにします。

その様子がテレビで放映されて、「殺生なことしてはるんですなあ」と言われたわけですが、肉を食べるにはどうしても必要な過程でもあります。それを自分でするか、誰か他の人にしてもらうかの違いです。私が自分でするのは、自分の中の世界であって、そうした方がいいと押しつけるつもりはないですけど。

葱のために、鶏を飼い、鶏を捌く。

そういう世界も、またあっていいんやないかと思います。

食べることと殺すことが、あまり遠く離れてしまうのは良くないという気がしています。生き物を手にかけるのは、確かに気持ちのいいことではありません。どこか誰も知らないところで殺してもらって、綺麗に処理した精肉を買う方が気持ちとしては楽でしょう。

だけど人に任せ切りにしていると、鶏や牛がどう飼われているか、私たちの食べてる肉がどんな風にしてできるのかも考えないようになってしまう。それがいいことなのかどうなのか。鶏や牛や豚を、生き物として飼うのではなく、肉を生産する機械かなにかのように扱う。厳しいことをいうようですが、それが現状やと思うのです。狂牛病にしても、鳥インフルエンザにしても、その原因の根本には、そういう生き物の命の軽視ということがあるんやないかと思っています。

野菜や草を食べるための肉。

それがうちの店のコンセプトで、牛は草を食べるわけで、牛肉と草というのは本来よく合うはずなんですが、これはという牛肉がなかなか見つかりませんでした。

牧場といえば、牛たちが牧草を食べている光景を想像します。けれど実際に和牛を育てているところに行ってみると、ほんとに牧草を食べている牛なんてあんまりいないわけです。みんな牧舎で穀物の配合飼料を食べさせられている。

京都では丹波牛が有名ですが、あれも元々は農家が農耕に使っていた牛です。昔の農家はたいがい玄関の横の日当たりのいいところに牛小屋があって、そこで牛を飼っていました。草を刈《か》って、それを餌にして。今でいうならグラスフェッドです。

田植えの時期には、その牛を使って耕していました。そうやって3年ほど育てると、博《ばく》労《ろう》（牛の仲買人）が来て引き取っていく。代わりに新しい牛を置いていくわけですが、3年育てた牛は殺して売っていた。それが昔の丹波牛でした。

その頃というのは、すき焼きにしたって脂は溶けなかったです。みんな透明なゼラチンみたいになって、食べたらおいしかったですよ。今の牛肉は霜降り肉ばかりで、手で触ったらベタベタする。脂はみんな溶けてしまいますから。

猪も同じで、養殖した猪は脂が溶けてしまう。天然のいい猪は脂が溶けません。

今の肉はたいがいそうなっています。脂の甘味がとかいっていますけれど、それでは草の料理には合わないわけです。それで困っていたんですが、ある晩、家に帰ってテレビをつけたら、完全放牧で牛を飼っている畜産家の話をＮＨＫで放映していました。

若い夫婦が、二人とも獣医さんなんですが、北海道の様似というところで完全放牧の牧場を経営しているんです。ご両親から牧場を受け継いだそうです。それを自分たちが譲り受けても、維持管理が難しい。なるべく手をかけずに、自然な方法で牛を育てられないものかと。いろいろやってみて、辿り着いたのがアンガス牛の完全放牧でした。

最初は半年は放牧で、半年は牛舎で飼ったそうです。ちゃんと脂肪もつけさせないと肉として売れないですから。ところが牛舎に入れたら、餌を食べなくなった。

今まで放牧していたのが、狭いところに入れられてストレスがたまっているのではないかと。

それで、牛舎で飼うのをやめた。牛を牧場に放したら、みんなぱーっと嬉しそうに走っていって草を食べた。そういうことがあって今は一年中放牧するようになった。雪の降る季節も牧場で牛が群になって暮らしていて、その中で勝手にお産もしていました。

「この牛やな、うちに来るべきなのは」と、そのときは思ったんですが、なにしろ数が限られていますから。２４０ヘクタールという広い牧場で、飼える牛が50頭という話でした。どうしたら手に入れられるかもわからず、例によってお客さんに「こんな牛がいるんですよ」と話をしていまして、半年ほど経った頃、あるお客さんから「その牛なら知ってるで」と教えていただきました。滋賀の肉屋さんが、その牧場の牛を扱っていたんです。すぐに電話して、使わせていただくようになりました。全体でひと月に1頭の出荷なので、うちで使えるのは少量ですけれど。

この肉が、おいしいんです。草と合います。草しか食べてないから。

その料理、私は「野牛じゅうべい」と呼んでいます。炭で表面だけそっと焼きまして。炭火だと、肉を休ませる必要がないのです。ホイルに包んで少し置くだけ。ふわっと草の香りがします。

肉の味には個体差もありますから、季節によっては油で揚げてビフカツにしたりすることもあります。これが蕗の薹とまたよく合うんです。冬の季節にはしゃぶしゃぶにすることもあります。

今の日本ではこういう牛肉を手に入れるのは難しい。完全放牧の牧場というのが、まずありませんから。少しでも増えてくれればいいとは思いますが、少なくとも今のところは幻の牛みたいなものです。

食糧自給率を上げなければいけないわけですから、動物を経済の道具のように使わざるを得ないのは現状では仕方のないことかもしれません。完全放牧は理想ですけれど、50頭の牛を飼うのに240ヘクタールもの土地が必要なことを考えれば、誰もかれもがいつでも草だけで育つ牛を食べられるわけではない。

ただ、たまにはこういう自然に育った牛の肉を喰んでいただくことで、なにかを感じてもらうというのも必要なんじゃないやろか。自然のままに生きるのが難しくなった現代だからこそ、自然はどういう味がするのかということを、時々は味わっていただくことにも意味はあるんやないかと思いながら、料理をさせていただいています。

それが私の草の肉料理。

草の肉料理いうのも、変な喩えではありますが。

鹿肉の赤身には、ミネラル分の多い野菜や野草を合わせる

猪は、だいたい12月から1月2月ぐらいまで。味噌漬けにして大根で巻いたり、牛蒡と炊いたり、燻製にしたり、瓜坊と呼ぶ猪の子を菜の花とすき焼きにしたりもします。

鹿は、最近は夏の6月7月から、2月3月くらいまで。

季節はまたがっていますが、やはり野生の肉は冬のジビエの季節がメインになります。

鹿は丹波の猟師さんが仕留めた野生の鹿です。この鹿がまたおいしいんです。ミネラル分が豊かで、脂肪分が少なくて。寒風の中で熟成させたものを炭火で塩焼きにしたり、あるいは海苔《のり》巻きにしたりもします。醤油と酒と味醂で漬《づ》けにした鹿のもも肉を、野蒜を芯にして海苔で巻いて炭火で軽く炙って仕上げます。

鹿もそうなんですが、赤身の肉のおいしさはミネラル分にあります。鉄分の多い、いうなれば血の味です。魚でも私は鰹が好きです。それも戻り鰹より、脂の少ない春の鰹。これに塩をしまして、真空パックにして氷の中で二週間ほど熟成させます。こうすると、鉄分の味が強調される。茗荷とか生姜《しょうが》とか、香味野菜とよく合うんです。

肉も同じで、鉄分の味のする赤身肉には、ミネラル分の強い野菜や野草が合います。何度もいいますけれど、うちの主役はあくまでも野菜や山野草であり、肉は基本的には脇役です。季節の野菜や山野草と一緒に食べてこそ、肉の持ち味も生かされる。欧米の肉料理とはだいぶ違いますけれど、日本の自然の成り立ちから考えても、そういう食べ方の方が合っているんやないかと思います。

肉の話をしているうちに、冬の季節に踏み込んでしまいました。

冬野菜の始めは10月。堀川牛蒡も聖護院大根も出始めますが、まだ若い冬野菜です。これも春の山菜と一緒で、人間の歳でいえば15、16歳くらいでしょうか。お正月にだいたい20歳、一人前の冬野菜になる。2月3月になってくると30代から40代、50代くらい。やがて薹が立ち、白菜が百歳になって、咲いた花がおいしくて万歳するというのは、白菜の菜の花をお出しするときの例の口上ですが……。機会があったら、白菜の花が咲く春に畑へ行ってみてください。朽ちかけた白菜から、可憐な花が咲いている姿に感動すると思います。しかも、その花がおいしいのですから！

冬の野菜はなんでおいしいのでしょう。

寒さの中で野菜たちは甘くなる。それは寒さに耐えるために糖分を増やさなくてはいけないからです。糖度が上がれば凍りにくくなります。

ところがハウスの野菜は寒さにあたらなくてもいいですから、ほわーっとのんびり育ちます。だから野菜が締まってない。野菜の形はしていますが、その野菜本来の味はしていない。香りもありません。

寒い時期はハウスでしないとたくさん収穫できないから、そうしないと食糧を賄うことはできないから、それはそれでいいんですけど……。

私だけはそれは使いたくないという思いがあります。

冬野菜といっても、たとえば冬至には南瓜を食べますけれど、南瓜の出来る季節は夏です。冬瓜《とうがん》もそうです。けれど冬の瓜と書いて冬瓜。夏に収穫したものを、冬まで保存して食べる。

日本は干物文化ですから、余った野菜は干物にして保存します。切り干し大根は今もありますが、大根の葉も干しましたし、サツマイモの茎を干したり、人参を干したり、ズイキ、ゼンマイ、ワラビ、土筆……。いろんなものを干していました。干すと、生の野菜とはまた違うおいしさが生まれます。

干葉《ひば》山椒といって、山椒の葉も干していました。昔はよく売っていたそうですが、今は見かけません。うちでは自家製で作っています。これは夏の土用を過ぎた頃の、大きく育った山椒の葉を干します。

山椒は春の木の芽や青山椒が有名ですけど、ほんまの山椒の香りが出てくるのは夏過ぎてから。赤く熟した山椒の実は、辛いだけでなく、ちゃんと柑橘の香りがします。ご存じかと思いますが、山椒は柑橘系の植物ですから。

木の芽がまだ出ていない3月くらいまでは、この干葉山椒を使います。3月頃に使う若竹、まだ若い筍にこの干葉山椒をつけて出汁に浸して食べると、夏の盛りの山椒の香りが出てきます。

干物だけではなく、塩漬けもそうだし、南瓜や冬瓜のようにそのまま保存できるものもそうですが、一年間そうやって保存してきたものを、食糧が欠乏してきた冬の時期に上手いこと料理して食べさす。しまっていくのが、冬の料理です。

お正月のおせちも、おめでたい料理といいますけど、実をいえば残り物。冬野菜の残り物からなにから、整理して食べていく。奥さんが正月に働かんでもいいように、年末の作り置きの料理でもあります。

残り物には福ではないけれど、残り物ならではの良さがあります。おせちには、日本の食文化の知恵が詰まっています。食材を長期保存する技術、料理を長持ちさせる知恵、冷蔵庫のない時代に、先人たちが積み重ねた工夫で出来上がっているのがおせち料理です。

近頃はあまり豆を食べなくなりました。一年のうちで豆を煮るのは、お正月の黒豆作りだけという方もいると思います。椎茸や塩蔵した数の子を水で戻すとか、小魚の干物を甘く炊くとか、昆布《こぶ》巻きを作るとか。今の方は普段はめったにやらないようなことですが、かつての日本では日常的にそういう料理を作っていました。

それだけに手間のかかる料理もありまして、今はおせちを作らないという方も少なくないようです。なにも日本の伝統料理じゃなくて、外国の料理だっていいんではないかということで、洋風のおせち料理とか中華風のおせち料理なんていうのもあるらしい。

それはそれでいいのですが、お正月という機会にもういっぺん日本の伝統料理を見つめ直すのも悪くないとは思います。

冬の食材を並べてみましょう。

聖護院大根、辛味大根、青首大根、堀川牛蒡、金時人参、聖護院蕪、赤蕪、小蕪、日野菜、水菜、壬生菜、京菊菜、杓子菜《しゃくしな》、赤葱、九条葱、二段葱、蓮根、椎茸、くわい、里芋、海老芋、かしら芋、黒豆、金時豆、柚子、このこ、鹿、猪、すずめ……。

春の項にも書きましたが、1月5日には山菜の摘み始めということで、穂だけの土筆やまだ蕚の中におさまっている蕗の薹、萱草の芽などをそっと掘り出しまして、冬の献立にも春の息吹《いぶき》を織り込みます。

人間は便宜的に季節を分けていますけれど、実際には季節というのは微妙に混じり合っています。春の中に夏が芽生え、夏の暑さの底に秋の気配が忍び寄っています。

それが自然の姿であり、日本人は昔からそういう季節の移り変わりに敏感でした。季節の先取りというのも、本来はそういう感性が生んだのだと思います。

寒い冬の最中にも、植物たちは暖かい春の芽吹きのために力を蓄えています。

どんなに冬が寒かろうと、やがては春が訪れるのです。

いつも心に希望を持ちましょうということで、冬と春がつながりました。

この章のお話はここまでとしましょう。

第四章

家で食す

家庭の料理こそ、いちばん大切な料理

草喰の喰には、「喰む」という意味があります。

喰むと食べるは、少し違います。

鮎が苔を喰むといいます。まさにあの感じ。

成魚になった鮎は苔しか食べないと前に書きました。水中でもぐもぐと苔を貪《むさぼ》っているわけではありません。

鮎のいる川の底を覗くと、大岩についた苔に細い筋が幾本もついています。鮎は泳ぎながら岩に近づいた瞬間、苔の一片をすっと囓るのでしょう。その食べ方が「喰む」です。

口いっぱい頬張るのではなく、ちょっと囓って口に入れる。

人は味見をするときに、そういう食べ方をします。

山菜摘みをしていて、芽の先を少しだけ囓って味を確かめる。

そのちょっと口に含んで味を確かめるような食べ方。お腹を膨らますためではないんです。山菜や野草はアクの強いものが多いですから、そんなにたくさん食べたらお腹を壊すこともありますし。

けれどその葉っぱの切れ端でも、口に含むことによって、香りがふわっと口から鼻へと

広がって、頭のてっぺんまで季節が染みとおるような感覚がある。

香りのないものを、なんぼお腹いっぱい食べても満足しないですよね。たとえば蒟蒻とか寒天を食べても満足感はない。ダイエットにはいいかもしれないけど。

喰むには、満腹とはまた違う、充足感があります。

その充足感は物理的なものではなく、気持ちというか精神に属するもののようです。ほんの少し喰んだだけで、心の底の感情が揺さぶられる。

しみじみと「ああ秋やなあ」とか「今年も春が来たなあ」と感じて、なんともいえん豊かな気持ちになる。

季節を味わうのが喰むであり、それでなぜ豊かになるかといえば、前にも書きましたけど、自分が自然とともにあることを心の底から感じるからです。

春に春のものを食べ、夏に夏のものを食べ、秋に秋のものを食べ、冬に冬のものを食べる。あたりまえのことなんですが、そのあたりまえのことをして、何百年も何千年も人は生きてきたんです。今年もまた桑の実がみのったなあとか、タラノキが芽を吹いてくれたなあとか。今年もふたたび自然が恵みを与えてくれたことに安堵《あんど》し、感謝の念を抱きながら生きてきた。

私も、子どもの頃から数えたらそんなことはもう何十回も経験しているのに、それでも毎年そのたびごとに感動します。４つの季節を繰り返しているだけなのに、季節が巡ってくるたびに新鮮な驚きがある。

これは考えてみれば奇妙な話です。

「また春が来た。もう飽きたわ」とはならない。

植物学を勉強された方なら、桑がどうやって実をつけるのか、タラノキが芽吹くのかを説明することはできるでしょう。

けれど私の感じる、あの嬉しさは説明できないと思います。

草木は毎年同じように芽を吹き、花を咲かせ、実をつけます。科学的に考えれば、そこに不思議はなにもないはずですが、それでもやっぱり不思議やなあと思う。自然がいつも変わらずに、恵みを与えてくれることをありがたいと感じる。自分が自然とつながっていること、自分も自然の一部であることを素直に感じ、心から嬉しく思う。

現代の普通の生活では、そういうことを感じる瞬間はあまりないでしょう。

いや、だからこそ、より新鮮にその喜びを感じるのかもしれません。

うちの店をカウンター形式にして、ほんとうに良かったなあと思うのは、そういうお客さん方の顔を見るときです。若いお客さんも、歳を重ねたお客さんも、皆さん同じように目を輝かせます。どなたもみんな子どもに返ったような無邪気な顔で、季節を味わっていらっしゃいます。

そんなお顔を見るためなら、毎朝野山を馳せ巡る苦労もなんのそのなのです。


やっぱり生きたもの、自然のものを食べるからこその、目の輝きやと思います。

生きたものを食べると、心の底から喜びが湧いて、その喜びが生きる力になります。

生きたものを食べると、生きる力が湧いてくるんです。

人は他の生き物の命をいただいて生きていると書きましたけど、そういう命を感じさせる料理が、昨今の食卓からはどんどん減っている気がします。

だからこそ、一軒くらいはそういうものを食べさせる店があってもいいと思い、こういう仕事をしているわけですけれど、うちの店に来ていただかなくたって、自然の命を食べることはできます。

野に遊んで草を摘み、山に分け入って茸を探せという話ではありません。

いや、近頃は各地に山菜や野草摘みの催《もよお》しや研究会がありますから、そういう会に参加

され て、詳しい方に教わって、自然の恵みをダイレクトに味わうのは、とてもいい経験になると思います。機会があったら、ぜひ挑戦してみてください。

けれどそこまでしなくても、都会で暮らす方でもどなたでも、その気さえあれば、生きたもの、自然の命を口にすることはできます。

大切なのは、日々の食事。日常の料理です。

それをどういう心で作るか。

どんな心を込めて料理をするか。

それがいちばん大切なことで、そういう意味では料理屋の料理よりも、家庭の料理こそがいちばん大切な料理やと私は思っています。

料理の仕方は野菜が教えてくれる

「中東さん、この料理はどうやって考えたの？」

お客さんから、質問されることがあります。

改めてそう聞かれると、一瞬答えに詰まります。仕事が終わって家に帰って、机に向かってノートを開いて、うんうん唸りながら料理を考えるなんてことはありませんから。

若い頃のように、どなたかが書いた料理の本をめくることもしなくなりました。

まあときどきは、よその料理屋さん、それも和食ではなく、フランス料理とかスペイン料理とか外国の料理店が多いですが、そこで食べた料理にヒントを得て、心の中で勝手にシェフに手を合わせ、「この料理の発想いただきます」ということも、まったくないわけではありませんけれど。

私の料理のほとんどは、畑や野山で思いついたものです。

思いつくというより、教えてもらうといった方が正しいかもしれません。山の木の実や野の草、畑の野菜が教えてくれます。

私は特に学校で系統立てて料理を学んだわけではありませんから、どんな料理を作るかはほとんど思いつきです。

どんなときに思いつくかというと、それは食材を手にしたときなのです。まだ寒い春の初めの畑で葱を引っこ抜くと、土の中から立派な根が抜けてきます。温かい土の中に潜り込むようにして、見事な根っ子を張っています。春に向け、たっぷり水を吸い上げようと根を張っているんです。その根を見た瞬間に、「ああ、これは旨そうやなあ。食べられるんちゃうかなあ。素揚げにしたらきっと旨いやろなあ」と思うわけです。

それが考えるというのやなしに、なにかそういうものが葱なら葱から、ビビビッと伝わってくる。そうとしか表現しようがありません。

喩え話でいっているのではなく、ほんまにそういう感じがある。

食材は生き物ですから。生き物と生き物の間に、以心伝心というか、伝わってくるなにかがきっとほんとにあるんやと思っています。

その「ビビビッ」が、私の料理の発想の源です。

山菜を摘んだときにふわっと匂ってきた香り、噛んでみたときの苦味だったりぬめりだったり歯触りだったり、そういう刺激が私の五感を通して語りかけてくる。

私がつまらないことをしようもんなら、「なにしてんねや!」「そんなちまちましたことせんと、もっと充分私を表現してくれよ!」と声を上げる。

大根なんかでも、畑から抜いたときに、育ちすぎですぱっと割れるような大根の方が旨いものなんですが、そういう大根は皮も一緒に炊いた方がおいしい。それは私の母親がやっていたことなんですが。割れた大根を見て、その味をふと思い出す。

食材に触っているとそういうことがよくあるのです。

これは私だけでなく、誰にでも起きることです。

食いしん坊で料理の好きな方なら、一度や二度は経験があるんじゃないでしょうか。ステーキ好きの方が、肉の塊を見た瞬間に、「こう焼いてくれ」という声が聞こえると言っていましたが、それも同じ話でしょう。

大切なのは、素材によりそうことです。

山菜や茸だけが生きた食材なわけではありません。

パック詰めのトマトだって、一山いくらの山芋だって、ほんまは生きている、自然の産物なわけです。その声をちゃんと聞いてやればいい。

耳をトマトにつけてもなにも聞こえませんよ。

トマトの声は、トマトの香りであり味であり、皮の張り具合や実の柔らかさです。

そういうものをちゃんと自分の五感で感じて、さてこれをどう食べようと考え続けてはじめて、トマトの声が聞こえるようになります。

このトマトは薄くスライスして塩をかけてそのまま食べたらいいのか、それとも潰してニンニクと煮込んだ方がいいのか。

それは、今手にしているそのトマトの個性で決まります。

スーパーの棚に並んだ野菜たちは、みんな同じような顔をしています。

同じ100円で売るものに差ができないように、同じ大きさ同じ色と形のものを集めてるわけですからそれはそうなのですが、それだってほんとはひとつひとつ微妙に違っているわけです。

それを十把一絡《じっぱひとから》げにして、同じトマトとみなすことをまずやめる。

トマトという生き物に、人間という生き物としてまずは向き合ってみる。

同じ名前の野菜だって、それぞれに香りも味も硬さも違うということを意識する。それを自分の五感で感じる。その自分の感覚に正直になる。

そんなに難しいことじゃありません。

喰めばいいんです。

野菜を買ってきたら、料理をする前にちょっと喰む。味見をする。ほうれん草を買ってきたら、葉っぱの先を千切って囓ってみる。そうすればどなたでも、「ああ、このほうれん草は甘いなあ」とか、「ちょっとえぐみが強いなあ」とか感じます。

まずはそれを憶えておく。

食材の個性によって、どう料理するかを決めるといっても最初は難しいでしょうから、味見をして、おひたしにするなり、炒め物にするなりしたらいい。それで、おひたしなりを食べながら、さっき味見したときの味を思い出す。そういうことを続けていけば、この味のほうれん草はおひたしにしたらおいしかったとか、味噌汁の具にぴったりやとか、そういうことがだんだんわかってくる。

それがわかれば、ほうれん草を味見して、よし今日のは油揚と一緒に炊いてみようかとか、発想が生まれてくるわけです。

食材の味見をしてから料理をする。

それが、食材によりそう第一歩です。

五感をすべて働かせて食材と向き合うと料理が楽しくなる

今という時代は、料理を母親から習うよりも、テレビや本から学ぶことが多くなりました。最近はそれにインターネットなんかも入るでしょう。

そういう料理番組とか料理本につきもののレシピが、あんまり良くなかったんやないかなあと思っています。

レシピは便利なものです。経験のない人でも、食材をよく知らなくても、レシピ通りにやりさえすれば料理はできます。レシピさえあれば、フランス料理だってイタリア料理だって、南米やアフリカの料理だってなんだって作れてしまうわけです。

けれどその便利さが、料理をする上でいちばん大切な能力を奪っている。

レシピのせいで多くの人が、自分の五感を使い、自分であれこれ工夫することを忘れているんやないか。料理をすることがなにか部品を組み立てて、プラモデルでも作るようなことになっているんやないか。私にはどうもそういう感じがします。

レシピにとらわれると、食材そのものを見なくなります。

たとえばカレーのレシピなら、ジャガイモ大2個、人参3本、タマネギ1個、豚肉何グラムとか書いてある。八百屋さんや肉屋さんに行って、その材料を買ってくる。そしてレシピ通りに、野菜を切り、肉を炒め、水を加えて煮込んで、カレールーなりを入れれば料理は完成ということになります。

それが料理をすることのすべてになる。

食材はカレーという完成品を作る部品に過ぎません。

その過程のどこにも、食材との対話がないわけです。

人間でも同じですが、対話しなければ相手を理解することはできません。

修業という言葉が、私はあまり好きではありません。

教え込まれるという響きがあるからです。

他の分野はわかりませんが、料理に関しては百害あって一利なしとさえ思います。

大根の皮はこうやって剝くもんや。出汁の取り方はこうで、魚はこう捌いて……。まずは師匠や先輩の言う通りしなさいというのが、料理の修業の基本です。

技術を伝えるという意味ではそれでいいかもしれないけれど、その後の味つけにしてもなににしても、一事が万事そうなりがちです。

習った通りにやるのが、一人前の料理人ということになる。

それでは食材と対話する心が育ちません。

まな板の上に、ポンと置かれた大根。

その大根をどう切って、どう炊いて、どう味つけしてという以前にわかっておいてほしい大事なことがあって、それはその大根の向こうに生産者がいるということです。

大根を育てた人がいるから、大根がそこにある。

よく見ればひとつとして同じ大根はありません。育ちの悪い大根かもしれない。割れてるかもしれない、辛味が強いかもしれない、霜にあたった大根かもしれない。教えられるだけで、考えることをしないと、その違いを料理に生かせない。下手したら「この大根は炊き合わせには使えない。捨てるしかないな」となる。

農業は先行投資です。

土を耕し、種を播き、一所懸命に野菜を育てても、天候不順で不作になることはありません。霜にやられたり、長雨で駄目になったりするわけです。

大原でも何年か前に台風のせいで、収穫がこれからというときに、冬野菜がやられたことがありました。蕪は風に飛ばされてみんな抜けました。

台風の後は10月の長雨で野菜が大きく成長できなかった。千枚漬けもできない、すぐき漬けもできない。悲惨でした。白菜の出来もひどかった。

これが江戸時代なら天明の大飢饉《ききん》になってたやろなあというくらい。

先行投資やから、その損害はみんな農家が被《こうむ》るわけです。

私にできるのはせいぜいが、その風で抜けた蕪や小さな白菜を買うことくらい。気の毒や思っても、そんな3倍も4倍もお金を払うことはできませんし。自然を相手にする農業というものの難しさということについて、私にはどうにもできないわけで。あのときは自分の力のなさをつくづく感じました。

せめて料理人にできるのは、自分に使える野菜は全部使うということくらいです。野菜が小さいなら小さいなりに、出来が悪いなら悪いなりに、それを使ってお客さんの満足する料理を工夫する。それが料理人の仕事やと思います。

けれど先に、この野菜はこう料理するもんやと教え込まれていたらそれができない。ただその野菜を見て「こんなもの使えん。よそから仕入れなあかん」ということになる。

それは農家の置かれた状況を知らないからそうなるわけです。

一本の大根の向こうに、生産者の姿を見ていない。

優等生的なことをいうつもりはありません。

人間が育てた野菜も、結局は自然のものです。

その自然のもので料理をするからには、自然相手のリスクを背負わせている農家の負担を考えるのは当然のことやと思うだけです。

「この野菜おいしいなあ」

「こんな野菜が欲しかったんや」

上手な野菜の作り手の畑には料理人が殺到します。

そやけど野菜の質がええときだけありがたがって、なにかの理由で野菜の出来が悪かったら買いませんということでいいのかという話です。

この本の最初でお話しした美山のご老人やないですけど、ええ野菜使ったらええ料理が出来るのはあたりまえ。野菜の出来が良くないときこそ、それをなんとかしておいしく食べてもらえるようにするのが料理人の仕事です。

農家の方が困っているときこそ、料理人の腕の見せ所やと思うのです。

農業人口が年々減り続ける理由のひとつは、我々がその努力を怠《おこた》っているからでもあるんやないか。国産の野菜がいい、安全で安心な野菜が欲しいと言いながら、その生産者の苦労を見過ごしにするのは、大きな矛盾やと思います。

自然には波があって、ええときもあれば悪いときもある。そんな中で農家は苦労して野菜を作ってくれているわけです。

それをちゃんとわかった上で、目の前の食材に向き合っているかどうか。

料理人が偉そうにしてたら駄目なんです。お客さんにどんだけ褒められようが、世界的に評価されようが、料理というものは食材ありきなのです。その食材の向こうには作り手がいて、私らはその中継に過ぎないということがわかっていたら、とてもじゃないが偉そうになんてできません。

偉そうにしているとしたら、それはやはり食材をちゃんと見ていないということやないのかと私などは思ってしまいます。料理修業は一所懸命にしたかもしれないけれど、自分の五感で食材によりそうという習慣が身についていない。

私が修業という言葉が好きじゃないのは、教えられた技というのは、修業の技というのは、身につかないからです。試行錯誤は自分でせなあきません。あれこれと迷う過程を省略して、こうやったら上手くいくというやり方だけ先輩や大将から習っても、それは本人のものにはならないのです。

それが習うと慣れるの違いです。習うより慣れろとはよくいったもので、習うんじゃなくて、慣れなきゃいけない。自分の五感を使って、毎日ちゃんと食材を見て、いろんなことを発見していくわけです。そこから自分なりの発想が生まれる。自分で料理を工夫するようになる。その工夫が楽しいわけです。

話の根本は家庭で料理をする方も同じです。

料理人にとっての修業が、家庭料理におけるレシピです。

いちばん理想の料理は、やはり家庭の料理だと私は思っています。

もしも私に超能力があったら、このお客さんはなにが好きで、どういうものを出したら喜んでもらえるかを透視するのですが、悲しいかなそれができないわけです。

今朝見た大原の景色やら、山草野草のお話を面白おかしくして、ひとつひとつの食材に興味を持ってもらって、その代わりとしています。好奇心は最高のスパイスになりますから。つまりお客さんにこっちの土俵に上がってもらっているわけです。

ご家庭で料理をする方に、その苦労はありません。家族それぞれの好みは、よくご存じのはずですから。お父さんはこれくらいの味の濃さが好みだとか、娘さんはスパイシーな料理を喜ぶとか。そういうことにかけては、私ら料理人の何歩も先を行っています。

なにより、おいしいものを食べさせたいという思いの強さが違います。家族の健康を考え、少しでもおいしいものを食べてもらって、みんなが元気に幸せに生きられるようにという思いを込めて、皆さん料理をしてはると思うのです。

それがおいしい料理を作りたいという気持ちの前提ですから。

料理は本来、自由なものです。

料理は機械の組み立てとは違います。

レシピに頼って料理をするのは、自分がその機械の一部になるようなもんです。レシピ通りに料理するなんて、それこそ機械にだってできます。

機械にできることをいつまで続けても退屈なだけです。

自分の五感を使って、自分の頭で考えて、自由な発想で取り組んでこその、料理のほんとうの醍醐《だいご》味《み》です。

子どもが夢中になって遊んでいるとき、遊び方のレシピなんて見ないですよね。もしもこの道具を使って、こう遊びなさいと命じたら、きっとすぐに飽きてしまうでしょう。それと同じこと。

最初はレシピに頼っても、慣れてきたらレシピは使わないようにする。レシピを見なくても料理ができるようになることを目標にしましょう。

日本の食材には、なぜあっさりした味つけが合うのか

失敗を恐れることはないんです。

料理で失敗したって怪我はしませんから。

でもまあ、今夜のおかずを台無しにはしたくないですよね。だから失敗を恐れるなと言われても、やはりちょっとは心配になる。それくらいでいいんです。その不安のおかげで注意深くなります。頼れるのは自分の五感だけですから。

火の通し加減はこれでいいか。塩加減はどうか。醬油はこれくらいか……。全部自分の感覚で判断するようになる。当然、感覚も研《と》ぎ澄まされてきます。

自分の感覚を使って、あれこれ自分で考えながらやってみたことは身につきます。そうなるまでに、そんなに長い時間はかからないと思います。すぐに慣れます。

人に連れられて行った店には、なかなか辿り着けません。一回でも、自分で迷いながらその店に行ったらもう忘れません。

同じ話で、いつまでもレシピに頼っていると、慣れるということがないから、自分で工夫をするということもない。

それで家庭料理というものが、衰退してるんじゃないかと思います。工夫のないところには、料理の楽しさも喜びもありませんから。

それでも失敗はできるだけしたくないという用心深い方のために、もうひとつだけコツを言いますと、火通しも味つけも、控えめにすることです。火を通しすぎたり、味を濃くしすぎたら元には戻せません。控えめにしておけば取り返しがつきます。塩が足りないと思えば塩を振ればいいし、火の通りが足りなかったら、またちょっと加熱すればいい。

難しく考えることはありません。料理というのは、本来はシンプルなものですから。というよりも、シンプルにした方が料理はおいしくなります。その食材に必要な最小限の手をかける。逆に言えば、できるだけ手をかけない方がいい。

その方が食材を生かせます。

日本の野菜には、特にそういうあっさりした料理法がよく合う気がします。

はじめてフランスへ行ったとき、飛行機から見おろした真っ赤な土に覆われた大地が意外でした。フランスは農業国と聞いていましたから、もっと肥沃な土地を想像していたんです。フランスの方には申し訳ないですけど、こんな土地で野菜が育つんやろかと思って行ったら、やはり根の深い野菜はありませんでした。

粘土質で土が硬く、しかも乾燥しているので、日本の牛蒡や大根のような、すらっとした野菜が見あたらない。人参でも蕪でも小さなものばかり。根が土に深く入っていけないのです。ほうれん草なんかにしても、葉が硬くてガシガシしている。でもその分、ミネラル分が多くて味が濃い。

それで合点《がてん》がいきました。日本で作るほうれん草のクリーム煮が、好きになれなかったんです。くたくたに煮込んでしまうので、ほうれん草の味も香りも消え、バターと牛乳のべたべたした味しかしない。なんであんなもの作るのかなあと思っていたのですが、フランスのほうれん草なら、あの調理法でやると抜群においしくなるのです。シュウ酸が多いですから、よく炊かないと体に悪いということもあるのでしょうけれど。

料理は、その土地の風土から生まれます。その土地で出来た食材を、おいしく食べる工夫がその国の料理です。

日本のほうれん草は、さっと湯がくくらいの火の通し具合の方が、その持ち味がよく味わえます。

日本は湿度が高く、土が肥えて柔らかい。植物にとって日本の自然は天国です。野菜もすくすく育ちます。その代わりに、味も香りもフランスの野菜に比べると淡くて、食感の柔らかいものが多い。水も軟水で柔らかいですから。

持ち味の淡い味や香り、柔らかい食感を生かすには、シンプルな料理を心がければだいたい上手くいくというわけです。

野菜から取った出汁で、料理をおいしくする

フランスといえば、近頃はパリの三つ星レストランでも日本の出汁を使った料理が出るので驚きました。出汁の引き方も上手なものです。私にはその出汁がフランスの野菜の香りを覆い隠しているように感じましたけれど、それはともかく。

才能のあるフレンチのシェフも使ってみたくなるほど、出汁というものには魅力があるわけです。世界を見渡しても、こんなにバランスの取れた旨味はありません。

出汁は日本料理を象徴する味といってもいいかもしれない。

けれど、上手に出汁を使うのは案外難しいんです。

たとえば、日本料理店でもフレンチのレストランでも食事にお酒はつきものです。あれは、なんでお酒を飲むのかわかりますか。食事の後に、バーで飲むのとはまた意味が違います。

食事中にお酒を飲むのは、料理をおいしく食べるため。お酒と料理を合わせると、料理

のおいしさは明らかに増します。せやから、「お酒飲んだら料理は3倍旨なりまっせ」と言って、店ではお酒を売っているんですが……。まあ、それは冗談として。

実は私はあまりお酒はたしなまないんですけど、飲めば料理がおいしくなるのはよくわかります。

たとえば刺身を食べると、日本酒が欲しくなります。

あれはどうしてだかわかりますか？

刺身には旨味だけでなく、微かな雑味や臭みがあります。

その雑味や臭みが、日本酒と一緒に洗い流される。同時に刺身の旨味と香りが日本酒とあいまって揮発《きはつ》してふわっと鼻に抜けると、これが余韻に変わるわけです。ああこの鯛旨いなあ、このお酒は刺身に合うなあ、となる。

それが刺身の後に日本酒が飲みたくなる理由です。

ステーキ食べたら、まず脂の甘味があって、噛んでるうちに鉄分を感じてきて、そのうち肉の臭みが鼻に残るわけです。そこで赤ワインを飲むと、その鉄分やら臭みやらが洗い流されて、ワインと肉のいい香りが鼻に抜ける。この肉旨かったなあと感じる。

お酒が料理の味を完結させてくれるのです。

臭みといっても微かなものですけど、食べているうちに、だんだんそれが重なって口が飽きる。お酒はそれをさっぱりさせて、余韻に変えるわけです。

コンソメスープを飲んだら、ちょっとミネラル分のあるワインが飲みたくなる。スッポンの出汁を飲んだら、私でも日本酒が飲みたくなる。

モノの味を形で表現すると、たいていの料理は多角形で、角があったり突起があったりします。その角や突起を丸くおさめるのがお酒の役割なんです。

ところが、その形が最初から完全に丸い味がある。

それが、日本の鰹節と昆布の出汁なんです。

あの出汁を飲んだとき、なにも飲み物はいらないはずです。

ほーっと五臓六腑に染み渡っていって、他の味はなにも欲しくない。

まん丸の、完全な球体の味。ああいうものは他にはなかなかありません。鰹と昆布の旨味だけで味が完結している。

あるフランス人のシェフに、日本の料理はなんでも出汁の味がすると言われて、なるほどなあと思ったことがあります。

味噌汁にも煮物にもおひたしにも、鍋料理にもうどんにも蕎麦《そば》にも、なんにでも出汁を使います。出汁に慣れていない外国の方は、確かに驚くだろうと思います。

今も言ったように、出汁は旨味のバランスが完璧に取れていますから、さまざまな料理をおいしくします。しかも出汁を取るのはとても簡単で時間もかかりません。

出汁は食材から旨味成分を抽出したものです。

その意味での出汁はもちろん外国にもあって、フランス料理で言うならフォンとかブイヨンがそれにあたるでしょう。フォン・ド・ヴォーなんてどこかで聞いたことがあるかもしれませんが、仔牛の肉や骨から取ったフォンという意味です。

その他にも鶏やら魚やらいろんなフォンがあるようですが、おいしいフォンを取ろうと思ったら、たくさんの材料を用意して何時間も炊き続けなきゃいけない。

ところが日本料理の出汁の材料は昆布と鰹節のたったふたつ。しかも丁寧にやっても30分そこそこで取れてしまう。水に昆布を入れて火をつけ、沸騰する直前に引き上げたら削った鰹節を入れて火を止めて、ちょっと置いとくだけ。

ほとんどお湯を沸かすくらいの時間と手間で、洗練の極みのようなあのまん丸な味の出汁が取れるわけです。フォンと比べたら即席みたいなもんでしょう。

いろんなものが便利になりすぎて、そのちょっとの手間も面倒ということになって、化学調味料が発明されたわけです。そんなになんでもかんでも面倒臭がっていったいどうすんねんと、私などは思うのですが。

その話はともかく、材料は昆布と鰹節の2種類だけ、それであっという間に出汁が取れるのには秘密があります。

その前の段階、つまり昆布と鰹節を作る過程に長い時間がかかっているのです。昆布は収穫したら天日干しにします。北海道で夏に収穫した昆布が問屋に届くのは秋の終わりと言います。問屋はさらにその昆布を熟成させて出荷するのですが、ものによっては何年も熟成させます。鰹節も同じです。鰹の身を煮て乾燥させて燻してカビをつけて天日に干して、何ヶ月もかかってようやくあの鰹節が出来る。

昆布にも鰹節にも、そこまで手間をかけているから、僅か30分で完璧《かんぺき》な旨味が出るわけです。そう考えれば出汁を取るのに、実は何ヶ月も何年もかかるともいえる。

いやすごい食文化やと思います。

これもひとつの文明の利器みたいなもんです。

ただあまりに便利すぎて、みんながちょっとばかり頼りすぎやと私は思う。

出汁は確かにおいしい。究極の丸い味です。

けれどその究極の味が、食材の持ち味、大切な香りを覆い隠していることが多いように私は感じます。味はおいしいけど、香りが消えている。それに気づかない。

まして今は顆粒《かりゅう》の出汁がありますから、昆布や鰹節を使わんでもあの味が出せる。それで日本料理は、なんでもかんでも出汁の味がするいうことになってしまいました。

季節ならではの味と香りが、みんな出汁に覆われて一色になってしまったといったら、言いすぎでしょうか。

これは食文化の衰退やないかと、私は思っています。


うちの店ではあまり出汁を使いません。

京都の店なのに、出汁を使わないなんてと驚く方もいらっしゃいます。

洗練された出汁の味は、京都を象徴する味といってもいいでしょう。それでおいしい料理ができるんかいなと、心配する人もいるかもしれない。

まったく使わないわけではありません。あの出汁の味が必要な料理というものがありまして、それには使います。その日の献立の中で、一品か二品というところでしょうか。

ここぞというところで使ってこそ、出汁は真価を発揮します。逆に言えば、ここぞという場面以外はあまり使わない方がいい。

私も別に出汁を使わない主義というわけではありません。ただ、いろいろ料理をしていくうちに、いつの間にか出汁を使わなくなっていました。

出汁を使わなければ、和食じゃないなんて思う方もいるかもしれません。けれど、昔から出汁と言えば昆布と鰹節と決まっていたわけではないんです。

北海道から昆布を運び、鹿児島や高知から鰹節を運んではじめて、あの出汁ができるわけです。流通の発達した現代ならともかく、昔は高価なものやったと思います。料理屋はわかりませんけれど、一般家庭でこんなに昆布や鰹節を使うようになったのは、遠い昔のことではなかったはずです。おそらく戦後のことじゃないでしょうか。

昆布と鰹節がなければ和食ではないということなら、その前の日本には和食がなかったというおかしなことになります。

もちろんそんなことはなくて、昆布と鰹節がなくても和食ですし、出汁だって作れるわけです。

昔の日本人は、いろんな出汁を使っていたはずです。

言うまでもないことですが、出汁は昆布と鰹節に限りません。煮干しひとつでも、カタクチイワシにマイワシ、ウルメイワシ、アゴ（トビウオ）、アジ、鯛などなど。いろんな魚の煮干しがある。節系でも、鯖《さば》節に鮪節、鮭《さけ》の節もあります。

そもそも煮干しや鰹節を使わなくても、魚のアラを炊けば出汁になる。豚肉でも鶏肉でも、茸でも野菜からでも、たいがいの食材から出汁は取れます。昆布と鰹のような、旨味の輪郭《りんかく》のはっきりした出汁とは限りませんが。

その代わり柔らかくてほんのりとした、いい出汁の取れる材料はたくさんあります。食材の持ち味を消さない、そういう出汁ならうちの店でもよく使います。

出汁の役割は旨味を補うことです。食材に旨味が足りないようなときには、旨味の強い昆布や鰹節が役に立ちます。

けれど食材が充分な旨味を持っていたら、そのおいしさがむしろ邪魔になる。そういう場合は、昆布や鰹節とはまた別の出汁を使った方がいいわけです。

重宝するのが野菜の出汁です。

出汁を取るだけですから、普段食べている部分はもったいないので使いません。剝いた皮でもヘタでも根っ子でも、料理をしていつもなら捨ててしまうところを取っておいて、水から炊くだけです。細かなレシピはありません。料理をして屑《くず》野菜が出たら、難しいことを考えず試しにやってみてください。

目安として、青菜のようなものは10分とか15分とかあまり長時間炊かない方がいいでしょう。根菜の皮を炊くときは、けっこう長い時間、うちでは1時間ぐらい炊きます。

野菜によって出汁の味や香りは違ってきます。野菜の種類や使う量によっては出汁に苦味が出たり、癖のある香りがついたりすることもあるでしょうが、それもまた知識のうちです。野菜は単独で使ってもいいし、いろいろ混ぜても面白い。出汁が取れたら舌と鼻でよく味わって、どんな料理に使ったらいいか工夫する。それが料理の醍醐味《だいごみ》です。

すべての野菜に味や香りがあるわけで、炊けば出汁は取れる。枝豆の莢《さや》、ジャガイモやサツマイモの皮、トウモロコシの芯やヒゲからだって出汁は取れます。トウモロコシの芯を軽く炙ってから出汁を取ると、芳ばしさが加わってまたひと味違います。

春の定番料理、筍とワカメの若竹煮には、一般的には昆布と鰹節の出汁を使うことになっています。もちろんそれでおいしいんですが、この出汁を使うとどうしても木の芽をのせたくなる。

私はこの昆布と鰹節の出汁ではなく、大根の皮を炊いた出汁を使います。

大根の出汁は柔らかくてほんのりしているので、新鮮な筍の淡い香りがより引き立ちます。木の芽ものせたくなりません。木の芽の鮮烈な香りは、その繊細な組み合わせの邪魔になる気がします。いつもの若竹煮に飽きたら試してみてください。

ご飯のお焦げに山椒油をひとたらし

料理をする上では、固定観念にとらわれないことが大事やと私は思います。

修業という言葉が好きでないのも、巷《ちまた》にあふれるレシピが問題やと思うのも、要するにその固定観念が出来てしまうからです。

習うより慣れろといいましたけど、習ってしまうと、味も見ないで、習った通りのことしかせんようになる。習った通りにやれば、とりあえず料理は出来ますから。

それが固定観念です。

まあ、そんなことといっても、人間というのは固定観念を持ちやすい生き物です。私にも固定観念はありました。

私の店のすぐ前に疏水《そすい》がありまして、鯉が何匹も棲《す》んでいます。

店を開いてしばらくの間、私はこの鯉たちにご飯のお焦《こ》げをあげてました。土鍋でご飯を炊くと必ずお焦げが出来ます。黄金色をした見るからにおいしそうなお焦げではありますが、お客さんごとにご飯を炊いているので、毎日かなりの量になります。

その昔、私が子どもの頃は、毎朝まずこのお焦げを食べさせられました。母親はお焦げを食べないと、白いご飯を食べさせてくれませんでした。私は早く、白いご飯に卵をかけて食べたかったんですが。

今はそれが食べ物を大切にするという、母親なりの教育やったとわかります。

その教育のおかげもあったと思いますが、お焦げを捨てる気持ちにはどうしてもなれなかった。それで、せめて鯉に食べてもらおうということでしてたんですが、そのうち近所の交番のお巡《まわ》りさんに、「それは不法投棄ですよ」と注意されました。

それで、困りました。店の賄いにして自分らで食べるにしても、とてもじゃないけれど毎日そんなにたくさんのお焦げを食べ切れません。

かといって、捨てるのはどうしても抵抗がある。

万策尽きて……、お客さんに出すことにしました。

鯉の餌にしてたもんをお前の店は客に出すんかと、怒らないで下さい。

店で出したら、大好評でした。

白いご飯を食べていただいた後、ご希望のお客さんにお出しします。自家製の山椒油をひとたらしするのですが、山椒の香りとお焦げの芳ばしさが絶妙にマッチして、おかわりされる方も少なくありません。

日本にはじめていらした外国のお客さんで、その前にお出しする山菜の料理や白いご飯に首を傾げていた方でも、このお焦げご飯だけは、満面の笑みで食べてくださいます。

いや、お焦げは食べたら芳ばしくて、それはおいしいもんなんです。

子どもの頃からずっと食べてきましたから、それはわかっていたんですが、お焦げのようなもんはお客さんに出すもんやないという固定観念が、邪魔をしていたわけです。

固定観念を捨てたおかげで、山椒油をかけたお焦げご飯という献立が出来ました。

今ではうちの店に欠かせない、看板料理のひとつになっています。

手間は人の生活の知恵。手間をかけてこそ暮らしは豊かになります

固定観念を捨てると、料理が自由になります。

野菜の出汁にしても同じで、捨てるもんやとばかり思っていた野菜の皮やらヘタやら根

っ子やらが、見方をちょっと変えるだけで、おいしい出汁になる。

なんでおいしい出汁になるかと言えば、野菜の旨味というものは、むしろそういう端っこの部分にたくさん含まれているからです。旨味は栄養ですから、端っこも食べることによって、同じ野菜からより多くの栄養をもらえるようになる。

おまけに今まで捨ててたものを、有効に活用することにもつながる。小さなことかもしれませんが、そういうこともみんなが積み重ねていけば、食糧廃棄とかゴミ問題とか、この社会でいろいろ問題になっていることの解決への道だって見つかるかもしれない。

いいことばかりなのに、固定観念のせいでそれが見えなくなっているわけです。

世の中が豊かになり、昔と比べたら生活は遥かに便利になりました。

けれどそのせいで、忘れてしまったこともたくさんあります。

便利になって、生活に手間がかからなくなって、その手間を忘れてしまった。

手間というのは、要するに人間の生活の知恵ですから。かまどに火を熾す手間、野山で山菜や野草を採る手間、栃の実のアクを抜く手間、野菜を育てる手間、鶏を捌く手間、鯉を料理する手間……。

そういうものはすべて、私たちの祖先が長い年月にわたって工夫し、親から子へと伝えてきた、生きるための知恵であり技術です。

便利な生活と引き替えに、私たちはそういうものを捨て続けています。

そして、なによりもいちばん大切なことを忘れそうになっている。

それが今の私たちだと思います。

便利な暮らしを捨てろとはいいません。そんなことはできるわけもないし、またするべきでもないと思います。便利になることで、たくさんの人が昔よりもずっと幸せに暮らしていられるわけですから。

けれど、時には、私たちが忘れかけている、いちばん大切なことを思い出してもらえたらなあと思います。

なにを思い出すのかって？

それは、この本で何度もお話ししましたから、もうおわかりと思います。

野菜を手にしたら、とりあえずちぎって生で食べてみる。

まずは、そこから始めましょう。

後書き

最後に、ちょっとだけおまけを。

お焦げに山椒油をかける話をしましたが、その作り方です。

といっても、とても簡単ですが。

米油と青山椒を用意します。

90度くらいに熱した米油に実山椒を入れ、2時間くらいその温度を保つ。

これで完成です。油の温度が高くなると山椒が焦げてしまいますから、温度を90度に保つことが重要です。山椒の量はもちろんお好みですが、私はだいたい油の量の2割くらいにしています。お焦げご飯に合うのは保証付きですが、山椒の香りが合う料理ならなんにでも使えます。煮物でもうどんでもパスタでも、なんにでもかけてお楽しみください。

油ですからすぐには傷みませんが、浮遊物がありますのでカビる可能性があります。長期保存するなら冷蔵庫に入れてください。

とはいえ、山椒好きのご家庭なら、食卓に出しておけばあっという間になくなること請け合いです。

この本は私が日頃、畑を回ったり、料理をしたりしながら考えていることを、お話ししてまとめていただくという形で出来上がりました。

考えていること、なんてちょっと大袈裟かもしれませんね。それはなにも私がはじめて考えたり、思いついたりしたことではありませんから。

大根や人参の皮を炊いたら、ええ出汁が取れること。春先の葱の根っ子を素揚げにしたらおいしいこと。白菜も水菜もキャベツも花を咲かせたら菜の花で、みんな食べられること。昔の人なら誰でも知っていたことですし、今だって、知っている方はけっこういらっしゃると思います。

私がここでお話ししたことは、どれも一昔前なら話す必要すらない、ほんまにあたりまえのことばかりです。

ただ、近頃はそのあたりまえのことが、あたりまえではなくなってしまいました。

時代がこれだけ進んだわけですから、それも致し方のないこととは思いますが、どんなに世の中が変わろうとも、人は自然を離れて生きることはできません。

私たち食に携わる人間は、そのことを忘れてはいけない。

その思いで、いろいろとお喋《しゃべ》りをさせていただきました。


この仕事をここまで続けてこられたのも、ほんとうにたくさんの素晴らしい方々とのご縁があったからこそです。若い頃から応援し続けてくださっている器覚倶楽部のメンバーの方々、私に「草喰なかひがし」というまたとない器を建ててくださった大工さんや左官屋さん、この店を育ててくださったお客様方、それから丹精込めて食材を育ててくださっている生産者の皆さん……。

すべてのご縁ある皆さんに深く感謝して、筆を擱《お》くことにいたします。皆さんのご恩に報いるためにも、食を通して一人でも多くの方に、自然とよりそって生きることの喜びを味わっていただくために、これからも野山を馳せ巡りたいと思っています。

最後までお読みくださって、ありがとうございました。

令和元年六月　中東久雄

著者略歴

中東久雄
なかひがしひさお

一九五二年、京都府生まれ。日本料理店「草喰《そうじき》なかひがし」店主。摘み草料理で知られる花背《はなせ》の料理旅館「美山荘」で生まれ育ち、少年期から家業の手伝いに勤しむ。高校卒業後、本格的に料理の道に入り美山荘に二十七年間勤務。九七年に独立して銀閣寺のほとりに現在の店を開店し、今日に至る。二〇一二年に農林水産省料理人顕彰制度「料理マスターズ」でブロンズ賞、一七年に同シルバー賞、一六年に京都和食文化賞を受賞。大原の地野菜の魅力を多くの料理人に発信し、地場の農業振興にも貢献している。月刊誌「味の手帖」で「草を喰む」、市民しんぶん左京区版「左京ボイス」で「『ほんまもん』を食べる」を連載中。

幻冬舎新書 563

おいしいとはどういうことか

二〇一九年七月三十日 第一刷発行

著者 中東久雄

発行人 志儀保博
編集人 小木田順子
発行所 株式会社 幻冬舎
〒一五一-〇〇五一 東京都渋谷区千駄ヶ谷四-九-七
電話 〇三-五四一一-六二一一(編集)
〇三-五四一一-六二二二(営業)
振替 〇〇一二〇-八-七六七六四三
ブックデザイン 鈴木成一デザイン室
印刷・製本所 株式会社 光邦

Printed in Japan ISBN978-4-344-98564-3 C0295
な-25-1
幻冬舎ホームページアドレス https://www.gentosha.co.jp/
*この本に関するご意見・ご感想をメールでお寄せいただく場合は、comment@gentosha.co.jp まで。

GENTOSHA

幻冬舎新書

柏井壽
京都の路地裏
生粋の京都人が教えるひそかな愉しみ

観光地化された京都で、古き良き都らしさを知りたければ、路地裏の細道へ。地元民が参拝に通う小さな寺社、一子相伝の和菓子屋、舞妓さんが通う洋食屋……。京都のカリスマによる厳選情報。

柏井壽
京都の定番

「京都の定番」といえば、有名な寺社仏閣、京料理の名店、桜に紅葉に祇園祭。だが、知ってはいても、「正しい愉しみ方」について語れる人は少ない。京都のカリスマによる京都案内決定版。

柏井壽
せつない京都

京都は雅で煌びやかな反面、寂しさや侘しさを内包している。悲話の残る小さな寺社や、ふと足を止めて見入ってしまう物悲しい光景など、センチメンタルな古都を味わう上級者のための京都案内。

田中修
植物のあっぱれな生き方
生を全うする驚異のしくみ

暑さ寒さをタネの姿で何百年も耐える。光を求めてがんばり、よい花粉を求めて婚活を展開。子孫を残したら、自ら潔く散る——与えられた命を生ききるための、植物の驚くべきメカニズム！

田中修
ありがたい植物
日本人の健康を支える野菜・果物・マメの不思議な力

日本人の健康を支える、ありがたい植物たち。和食に使われる植物と、「日本人における野菜の摂取量ランキング」第一位のダイコンから第二〇位のチンゲンサイまでを中心に、その不思議な力を紹介。

野瀬泰申
文学ご馳走帖

志賀直哉『小僧の神様』で小僧たちが食べた「すし」とは？　夏目漱石『三四郎』が描く駅弁の中身とは？……文学作品を手がかりに、日本人の食文化がどう変遷を遂げてきたかを浮き彫りにする。

今井良
内閣情報調査室
公安警察、公安調査庁との三つ巴の闘い

対北朝鮮交渉、諸外国スパイとの攻防、テロ対策、インターネット諜報システム構築、複数の公安機関との覇権争いなど、数々の内幕を明らかにし日本のインテリジェンス組織の全貌を描き出す！

東京慈恵会医科大学附属病院栄養部
濱裕宣　赤石定典
はじめての減塩

一般的な日本の会社員が一日に摂取するであろう15グラム超の塩分を、どうすれば7〜8グラムに抑えられるか。外食での注意点と、家庭での献立の考え方から味つけまで知恵と工夫が満載の一冊。

幻冬舎新書

清涼院流水
50歳から始める英語
楽しいから結果が出る「正しい勉強法」74のリスト

英語を始めるなら時間もお金も余裕がある50歳からがいい。誰からも強制されない勉強は楽しく、人生をも豊かにする。賢いTOEIC活用法も伝授。〝人生100年時代〟の正しい英語勉強法。

奥田昌子
胃腸を最速で強くする
体内の管から考える日本人の健康

「胃痛の原因はストレス」「ヨーグルトで便秘が治る」は間違い！　消化管の病気を抱える日本人は1010万人超。強い消化管をつくるのに欠かせない食事や生活習慣、ストレス対処法を解説。

井上章一
大阪的
「おもろいおばはん」は、こうしてつくられた

芸人顔負けのおばちゃん、アンチ巨人の熱狂的阪神ファン、ドケチでがめつい商売人……これらはメディアによる作り物の大阪的イメージだ！　『京都ぎらい』の著者が、紋切型の大阪像を覆す。

阪口珠未
老いない体をつくる中国医学入門
決め手は五臓の「腎」の力

中国の伝統医学で、腎臓だけでなく成長・生殖の働きも含み、生命を維持するエネルギーを蓄える重要な臓器である腎。腎の働きを解説しながら、2000年以上の伝統を持つ究極の食養生法を紹介。